樂律

ADVANCED THINKING

從商業策略到個人成長
掌握高手運用的關鍵思考模型

解鎖 50 種
高效者的人生算法

思維
進階！

李波——著

【思維模型，一步步引導你走向認知升級】

從格局到創新，全面提升職場競爭力和人生視野
從內心改變，以科學方法重塑世界觀和人際關係

掌握 50 種思維模型，快速解鎖高效者的成功祕訣

目錄

<u>序言</u>

<u>第一章</u>

（格局思維：）
從四個維度，放大你的格局 ……………………………………………012

（價值思維：）
找到高價值區，策略性專注 ……………………………………………018

（策略思維：）
什麼是策略，如何制定人生策略 ………………………………………023

（窄門思維：）
困難的路越走越簡單，簡單的路越走越困難 …………………………027

（槓鈴思維：）
如何用最小的風險，博取最大的收益 …………………………………031

（交響思維：）
讓自己成為創造力最強的「複合型人才」………………………………035

（轉折思維：）
遇上中年危機是因為年輕時不夠努力？錯，它代表著人生的新起點………039

（願景思維：）
野心只能帶來一時的成功，偉大的使命才能讓基業長青 ………………044

漸進思維：
永不止息的涓涓細流，遠比波濤洶湧的海浪可怕得多 ……………………050

減法思維：
擺脫外物束縛，重新定義幸福 ………………………………………………055

第二章

長跑思維：
硬技能讓你走得更快，軟技能讓你走得更遠 ………………………………062

倖存思維：
普通人最容易踩的坑，是成功者的光環效應 ………………………………066

直覺思維：
小決定靠大腦，大決定聽內心，正確的決定常出自心靈和直覺 …………070

運氣思維：
除了努力，還有哪些方法能讓你越來越幸運 ………………………………074

系統思維：
決定成敗的關鍵並非任何局部優勢，而是整個系統的能力 ………………079

順勢思維：
盡力而為不如順勢而為，事與願違之後有更好的安排 ……………………085

第三章

情商思維：
脾氣好、會說話不等於高情商，情商高低取決於四種元能力 ……………090

支點思維：
改變命運的第一步先做什麼？找到支點就實現了一半 ⋯⋯⋯⋯⋯⋯ 095

習慣思維：
簡單到不可能失敗的習慣養成法 ⋯⋯⋯⋯⋯⋯⋯⋯⋯⋯⋯⋯⋯ 098

精讀思維：
讀書沒收穫，是因為你沒有掌握正確的方法 ⋯⋯⋯⋯⋯⋯⋯⋯ 103

極簡思維：
最完整的「斷捨離」法則，別讓過剩的物品毀了你的生活 ⋯⋯⋯ 108

凍齡思維：
為何有的人容貌比實際年齡小很多 ⋯⋯⋯⋯⋯⋯⋯⋯⋯⋯⋯⋯ 113

隔離思維：
對未來最大的慷慨，是把一切都獻給現在 ⋯⋯⋯⋯⋯⋯⋯⋯⋯ 119

第四章

餘閒思維：
窮人越來越窮，往往是因為沒有餘閒 ⋯⋯⋯⋯⋯⋯⋯⋯⋯⋯⋯ 124

富人思維：
被動資產比收入更重要 ⋯⋯⋯⋯⋯⋯⋯⋯⋯⋯⋯⋯⋯⋯⋯⋯⋯ 129

喚物思維：
具有足夠強烈的渴望，是成功最重要的條件，沒有之一 ⋯⋯⋯⋯ 134

疊代思維：
失敗不是因為沒能力做好，而是總想一開始就能做得很好 ⋯⋯⋯ 138

目錄

增量思維：
別讓你所擁有的，成為你的局限 ⋯⋯⋯⋯⋯⋯⋯⋯⋯⋯141

破局思維：
人生如一盤棋，三招助你破除死局 ⋯⋯⋯⋯⋯⋯⋯145

機率思維：
在未來不確定的情況下，如何作出最優決策 ⋯⋯149

多元思維：
突破人生瓶頸，你需要建立多元思維模型 ⋯⋯⋯⋯154

第五章

頭部思維：
網路時代，如何打造個人 IP 和個人品牌 ⋯⋯⋯⋯160

跨界思維：
快速變化的時代，如何建立多維競爭力 ⋯⋯⋯⋯165

斜槓思維：
跨界開展副業的好處不只是多一份收入 ⋯⋯⋯⋯170

故事思維：
未來屬於會講故事的人，如何講出一個好故事 ⋯⋯175

演算法思維：
你能取得多大成就，由一個公式決定 ⋯⋯⋯⋯⋯182

第六章

漣漪思維：
讓每一分努力，創造指數級收益 ……………………………………188

產品思維：
賈伯斯留給世界最寶貴的遺產，是他的四大產品哲學 ……………192

行銷思維：
不用幾個心理學套路，都不好意思說自己是賣貨的 ………………197

創新思維：
打造優秀的產品，首先要建立「系統創新思維」 …………………202

借力思維：
解決問題的鑰匙，一定不在問題產生的地方 ………………………207

承啟思維：
產品創新並非腦洞越大越好，好創意要先繼承再突破 ……………211

遍歷思維：
好創意未必來自聰明人的靈感，最笨的辦法往往是最好的 ………214

柔道思維：
如何在商業競爭中戰勝比自己強大的對手 …………………………217

風險思維：
穩定是最大的風險，愛折騰反而更安全 ……………………………221

目錄

第七章

反射思維：
人際關係的本質，是你與自己的關係 ·················226

原則思維：
應對複雜的人際關係，只需要最簡單的原則 ·················232

界限思維：
珍惜友誼，一定要拿捏朋友間的界限 ·················237

類聚思維：
擇偶的底層規律是什麼，大數據告訴你答案 ·················243

弱聯思維：
真正幫到你的人，往往都跟你不熟·················248

參考書目

序言

多年以來，有個疑問一直困擾著我 —— 拋開運氣、出身等我們無法左右的客觀因素，到底是什麼造成了人和人之間的巨大差距？

經過多年的觀察、學習、實踐和總結，我發現拉開人與人之間差距的根本原因並不是平時我們所看重的那些外在條件，諸如天賦、外貌、學歷、資源、人脈、努力程度等，而是一個人的思維方式和認知能力。

電影《教父》中有一句非常經典的臺詞：「用一秒鐘就能看透事物本質的人和用半輩子都看不清事物本質的人，他們的命運注定是不同的。」

如果你對自己目前的狀態不是很滿意，而你又想要改變現狀，那麼首先你需要改變的就是你的思維方式。

對於這一點，我相信很多人都能理解，但要想真正做到卻是非常困難的。

為什麼那麼難呢？因為在心理學中有一個現象，叫做「鄧寧 - 克魯格效應」。簡單地說，如果一個人很愚蠢，他是發現不了自己愚蠢的，因為發現自己的愚蠢需要相當高的智慧。科學哲學家卡爾‧波普爾曾說：「任何時候，我們都是被關進自己認知框架的囚徒。」

所以，在一定程度上，我們是很難透過自我約束和自我省察來改變自己的思維方式的。要想完成思維方式的轉變，提高認知能力，唯一的辦法就是學習高水準的思維方法，建立思維模型。

在閱讀了大量的書籍、研究了眾多商業以及個人的成功案例之後，我總結出了高手們最常用的思維方法和思維模型，來幫助你提升自我效

能、放大個體價值、完成認知更新、實現人生躍遷。

　　無論你是打算在職場中「打怪」更新，還是在創業中提高核心競爭力，抑或想要活出更優秀的自己，首先要建立思維模型，從而更好地向高效能人士的成功之路出發。

　　你要始終相信，改變自己，必須從改變思維方式開始。

　　要想比別人更卓越，絕對離不開多元思維，強而有力的思維模型，幫你開啟十倍速人生！

第一章

策略上，最漫長的迂迴道路，常常又是達到目的的最短途徑。

—— 利德爾·哈特

格局思維：

從四個維度，放大你的格局

格局思維，顧名思義，我們要從人的格局入手。

為什麼要講格局呢？因為格局決定了一個人能力的上限。俗話說，再大的餅也大不過烙它的鍋。你有多大格局，就能做多大事業。

格局之所以重要，是因為它不僅決定了一個人當下的行為，而且對一個人整個人生的走向也有著深刻而長遠的影響。在人生的初始階段，有的人也許會憑藉智商、勤奮，以及一些資源優勢在競爭中取得領先地位，但他的人生高度最終是由格局來決定的。

平時談到「格局」這個詞，我們會覺得它是比較抽象的，有點類似於「幸福」、「愛情」這些詞語，聽起來好像人人都懂，卻又不知道具體該怎麼定義、如何衡量。就像曾經有人問哲學家奧古斯丁：「什麼是時間呢？」奧古斯丁說：「當你不問這個問題的時候，我還知道時間是什麼，可你這麼一問，我就不知道了。」

在理解格局的時候，我們不妨將格局劃分為四個維度：全域性的視角、深刻的洞察、長遠的眼光、誠信的品格。

下面我們就對這四個維度一一進行剖析，盡可能讓你充分理解格局的具體含義。

全域性的視角

什麼是全域性的視角呢？先給大家講一件我親身經歷的事情。

鐵路網路售票的開始引發了一波爭議，網路上，針對網路購票平臺的推出是否合理的爭論十分激烈。

為什麼會有人反對呢？他們認為，網路購票損害了老年人的利益，因為他們不會上網，在春節返鄉高峰期的時候根本搶不到回家過年的車票，所以網路購票平臺的推出，對這些弱勢群體來說，太不公平了。持贊成意見的人則認為，網路購票為大多數人提供了便利，不能為了遷就少數人而讓所有人跟著一起不方便。

雙方各執一詞，高下難分。

在多數人看來，這個問題的答案其實很明顯，網路購票順應了時代發展，為人們提供了更加便利的服務，一定是合理的。但當時在面對反對意見的時候，支持的一方卻無法提出一個有說服力的理由來解釋為什麼可以對某些人不公平。

後來我在網路上看到一位經濟學家寫的一篇文章，對這一類問題的分析十分到位。大概意思是，本質上，這其實是一個效率和公平如何權衡的問題。中學《道德與法治》課本上曾介紹了一個原則，叫做「效率優先、兼顧公平」。為什麼要效率優先呢？因為這個世界上並沒有絕對的公平。公平的背後，常常含有效率的考量，而考量的範圍既不是個人，也不是某個群體，而是整個社會。

人們能在網路上購買火車票，從整個社會來看，可以節約大量的時間成本，提高效率，從而創造出更多的社會價值，可以讓所有人民都受益。而那些不會上網的弱勢群體，也是社會整體進步的受益者之一。一言以蔽之，就是網路購票政策的發表，讓整個社會的整體利益遠遠大於

小部分人的損失,所以這是正確的選擇。

我們可以看到,對於同一件事,有的人是站在個體的角度來看待的,也有的人是站在某個群體的角度去觀察的,還有的人是站在整個國家、社會乃至全人類的立場進行思考的。同一個人站在不同的角度和高度,就會產生不同的想法和行為。有大格局的人在面對問題時,總是能顧全大局,在更高的層面上去觀察、思考和決策。

不知道你發現沒有,在一個組織裡,總會有這樣一些人,他們要麼抱怨公司的制度不公平,要麼認為某些主管的決策不高明,總是覺得他們自己的想法才是真知灼見。其實很多時候,你覺得不好、不對的事未必就真的是不好、不對的,很可能是因為你站的位置不夠高、格局不夠大。

因此,當我們對一個問題產生疑惑或者不知道該怎麼選擇和判斷的時候,不妨把鏡頭拉遠,在時間和空間的維度上放大觀察視角,縱覽全域性,或許就可以找到問題的答案了。

深刻的洞察

所謂深刻的洞察,就是能在紛繁複雜的表面現象中看到事物的本質,抓住核心要素。

下面講一個真實的歷史故事。

元朝末年,朱元璋的起義軍曾經同時面對兩個非常強大的敵人,一個是位於西面的陳友諒,他的勢力比朱元璋大得多;另一個是位於東面的張士誠,實力也不弱,但不如陳友諒。朱元璋與這兩大大廠都必有一戰,可問題是,先打哪一個?

朱元璋手下謀士眾多,他們都認為應該先打張士誠。因為張士誠的

勢力比陳友諒小，先把小的吃掉，就可以增強自己的實力，然後再對抗那個更強大的敵人，就好辦多了。可朱元璋卻不是這麼想的，他認為應該先打陳友諒。

為什麼？

因為朱元璋知道，張士誠這個人心胸狹窄、氣量小，如果先打陳友諒，他只會坐山觀虎鬥，坐收漁翁之利。而陳友諒卻是一個深謀遠慮、精於算計的人，倘若先打張士誠，他就會立即意識到，一旦張士誠被打敗，朱元璋就會對他形成強大的威脅。所以朱元璋斷定：在打張士誠的時候，陳友諒一定會出手在背後攻打自己，一旦形成這種局面，就會腹背受敵，到時必敗無疑。

後來，朱元璋堅持自己的想法，下令先跟陳友諒硬碰硬，最終在鄱陽湖大戰中將其打敗。接下來再收拾張士誠就很容易了。

其實無論是戰場、商場，還是職場，所有的競爭從表面上來看好像是資源、資訊和知識層面的競爭，實際上卻是人格、認知以及格局的競爭。

朱元璋在不利的環境中取得了最終的勝利，歸功於他對局勢和人性的深刻洞察。一個有大格局的人，在做決策的時候會進行更深入的思考，忽略掉一切不重要的表面因素，找出問題的關鍵。

長遠的眼光

「活在當下」這個詞經常被提及，也是一種常見的生活態度，但是高效能人士的生活態度卻是「活在未來」。

關於這一點，我要講一個貝佐斯與亞馬遜公司的故事。

在 2017 年的時候，亞馬遜的市值就已經接近 7,000 億美元，超過了

微軟，成為美國第三大市值上市公司。亞馬遜的創始人貝佐斯也一度被認為是未來的全球首富。但是讓人難以置信的是，自 1994 年亞馬遜成立以來，一直到 2016 年，在 20 多年的時間裡，亞馬遜的利潤幾乎為零。

亞馬遜雖然很多年都沒有利潤，但其市值卻常年居高不下，這是為什麼呢？

其實亞馬遜並不是沒有盈利能力，而是這 20 多年來，他們把每年的利潤都投向了能在未來產生回報的專案上，在經歷了多年的累積之後，付出終於得到了回報，在 2017 年之後亞馬遜開始爆發式成長。

貝佐斯認為，財務報表上的利潤數字並不是公司的核心能力，而真正有多少錢能夠支配到對未來的投資上去，才是決定公司價值的最核心的指標。

某位創業者曾經去亞馬遜公司考察，回來後用一句話就概括了這次考察的收穫：亞馬遜這麼多年一直在做一件事，就是把所有的資源都投資在一項能夠長期做下去的事業上，從來不會為了一時的利益而改變策略。

其實，貝佐斯的這種思維方式就是一種長線思維，或者說是一種面向未來的思維方式。

記得上中學時，體育老師經常對我們講：「立定跳遠的時候，眼睛要看向遠處，你才能跳得更遠。」

法國前總統戴高樂曾說：「眼睛所到之處，是成功到達的地方，唯有偉大的人才能成就偉大的事，他們之所以偉大，是因為他們決心要做出偉大的事。」

誠信的品格

如果你仔細觀察就會發現，只有那些誠實守信、道德良好、品格端正、具有正向價值觀的人和企業，才能獲得成功以及可持續的發展。否則，人或企業就算在短期之內取得了高額收益，未來也會因此付出更高的代價。

有一次，有位老闆在某節目中談到對銷售的看法，他說當年公司業務部有一個員工替其他部門做培訓，培訓的主題是「如何把梳子賣給和尚」，他講得天花亂墜，大家聽得也很興奮，結果這個人當場就被老闆開除了。

為什麼要開除他呢？因為在老闆看來，這種銷售手段是騙人的，和尚根本不需要梳子，即使用很「高明」的技巧達到了「賣梳子」的目的，但本質是欺騙。

老闆還說，腦子裡全是錢的人，是很難做好事情、很難交到朋友的。如果說人類還有什麼紅利沒有被發掘的話，那麼誠實、信任將會是一筆最大的未開發的財富，經濟的發展依靠的不是商品與商品之間的差價，而是人與人之間的互信。

有些公司之所以發展成數一數二的有名企業，其決定性因素並不是公司卓越的技術、策略和管理能力，而是企業所長期持守的道德理念、誠信原則、社會責任以及利他主義的商業價值觀。

真正有大格局的人，無一不是講誠信、守道德、三觀正的人。

價值思維：

找到高價值區，策略性專注

　　如今，在快節奏的生活下，人們變得更加忙碌，每天都有做不完的事、加不完的班；有的創業者更是恨不得晚上就睡在公司；學生們好不容易盼來的假期，也會被各種才藝班、專長班填滿。似乎只有不停地做事才能讓我們感到人生更加充實、更有存在感和價值感。

　　可很多人在忙碌了幾年之後，對過往的人生進行回顧和總結的時候會突然發現，雖然自己奮力跟命運抗爭，但是自己的生活品質並沒有什麼明顯提升。即使每天都進步1%，一年之後也沒能像勵志公式上說的那樣成長37.8倍。因此，很多人就會感到迷茫沒有方向，說好的天道酬勤、付出就有回報在哪裡呢？

　　當然，我們從小就知道的那些道理並沒有欺騙我們，勤奮以及持續不斷的努力絕對是一個人取得成功最重要的先決條件之一，然而很多人錯就錯在他們以為所謂勤奮就是要多做事。其實，真正的勤奮不僅限於行動上的表現，還需要在思想上不斷地精進。否則，你就是在用戰術上的勤奮來掩蓋策略上的懶惰。

　　英國統計學家 E.H. 辛普森在 1951 年提出過一個理論，叫做「辛普森悖論」：在分組比較中經常占優勢的一方，在總體上反而可能是失勢的。簡單來說就是，雖然你在小組賽中贏對方的次數很多，但從全域性來看，你反而輸了。

其實很多領域都存在這樣的規律，在一件事情上做得好的人，往往不是工作做得最多的人，而是那些做的次數少但單次價值很高的人。真正的高效能人士都會選擇在深思熟慮之後作出決定，他們通常會選擇做那些「更少，但是更好」的事。

如今，自媒體、斜槓、跨界、萬眾創業之類的概念層出不窮，很多人都以為既然有這麼多機會可以選擇，那做得越多，贏面就一定越大，可實際情況並不是這樣。因為事情做得越分散，在每件事上贏的機率就越小，因此越是有多種可能性，就越應該專注於核心競爭力。就拿投資這件事來說，我們經常會聽到一種說法，即「不要把所有的雞蛋放在同一個籃子裡」。對於普通大眾而言，這是一種財務上的避險策略，一個防止投資翻車的萬能公式；可對於投資界的高手來說，他們的做法剛好相反。

我們以全球著名避險基金 —— 量子基金的創始人索羅斯為例。

1992 年，索羅斯大戰英格蘭央行，他的基金經理人史坦利・德魯肯米勒認為這是一次千載難逢的好機會，他建議索羅斯把所有的錢都押上，做空英鎊。索羅斯卻對他說：「你的想法太荒謬了……你知道這種事多久才會出現一次嗎？我們要做的不是把所有的錢押上去，而是要把所有能搞到的錢都押上去。」結果他們加上了 10：1 的槓桿，總共投資 100 億美金，最終大獲全勝。不僅賺了 20 億美元的利潤，也讓索羅斯一戰成名。

索羅斯的基金經理人德魯肯米勒後來在接受採訪時說：「我從索羅斯身上學到很多，其中最有價值的投資理念就是，對與錯並不重要，重要的是你在做對的時候賺了多少，犯錯的時候賠了多少。」很明顯，索羅斯的策略就是：專攻要害，一擊致命。

在投資領域，不只索羅斯，「股神」巴菲特基本上也是這個路數。古典老師在他的著作《躍遷》一書當中講過一個很經典的案例。在巴菲特的辦公室裡，貼著一張美國棒球手的海報，這位棒球手就是波士頓紅襪隊的擊球手泰德·威廉斯。巴菲特並不是一個棒球球迷，那麼一個做投資的人為什麼要在辦公室裡貼一張棒球手的海報呢？那是因為巴菲特的投資理念在相當程度上受到了這位棒球手的啟發和影響。泰德·威廉斯在棒球界被譽為「史上最佳擊球手」，在美國《體育新聞》雜誌評選出的史上百位最佳運動員中，泰德·威廉斯排在第八位。甚至可以說，他在棒球界的地位和影響力一點都不比巴菲特在金融圈低。

身為金融界的頂級投資者，巴菲特到底從這位棒球手身上學到了什麼呢？在答案揭曉之前，我們要先了解一下棒球的基本常識。在棒球運動員當中，通常有兩類擊球手。一類是什麼球飛過來都打，而且每次擊球都會全力以赴，爭取拿到全壘打。能做到全壘打固然很好，但這種打法對體力的要求非常高，有的運動員甚至不惜在比賽中服用禁藥來保持體能；另一類擊球手的打法就比較聰明，他並不一味地全壘打，而是只打那些得分機率高、勝算大的球。世界排名前十的擊球手都屬於後者，而泰德·威廉斯就是這一類人中的高手。他在自己的著作《擊打的科學》中提出了這樣一個觀點：所謂高擊打率的祕訣，就是不要每個球都打，而是只打那些處在「甜蜜區」的球。只要能打好「甜蜜區」裡的球，即使其他的球都不打，也能取得最好的成績。

什麼是「甜蜜區」呢？泰德把整個擊打區域劃分成了 77 個小區域，每個小區域的面積只有一個棒球大小，只有當球進入最佳位置，也就是所謂「甜蜜區」的時候，他才會揮棒擊打，這樣就能保持最高的擊打率。如果勉強去擊打那些位置不好的球，最終的擊打率就會很低。所

以，在比賽中，對於非核心區域的球，即使它「嗖嗖」地從身邊飛過，泰德也絕不揮棒。這種策略聽起來簡單，可到了賽場上卻非常難操作，特別是在決定勝負的關鍵時刻。你想想，幾萬名觀眾繃緊了神經，用期待的眼睛看著你，當球飛過來的時候，如果你不打，就會迎來全場的噓聲。這個時候，如果堅持只打「高價值」的球，就需要極強的定力和超冷靜的心態。

泰德說：「要想成為一個優秀的擊球手，你必須等待一個好球。如果我總是去擊打『甜蜜區』以外的球，那我根本不可能入選棒球名人堂。」

這個道理讓我想起上學的時候，學習成績一般的學生總是會購買很多熱門的課外參考書和練習題；學習成績好的學生，往往只是將課本上的內容學精鑽透，然後把老師布置的作業做到最好，考試就足以拿高分了。也就是說，把最重要的事做到 100 分，遠遠比什麼事都做但每件事只做到 60 分，收穫要大得多。

受泰德‧威廉斯的影響，巴菲特把這種策略同樣應用到了投資領域，形成了自己獨特的投資哲學：只投資高價值、有護城河的公司，其他的根本不看。巴菲特在紀錄片《成為巴菲特》中講道：「我能看見 1,000 多家公司，但我沒有必要每個都看，甚至看 50 個都沒必要。投資這件事的祕訣，就是看著球一次又一次地飛過來，而你卻坐視不理，只等待那個最佳的球出現在你的擊球區。在你等待的時候，人們會衝著你喊『你倒是打呀』，別理他們。」

巴菲特對股票的見解也非常有見地，他說：「股票的確有一種傾向，讓人們太快太頻繁地操作，很多年來人們發明了各種工具和過濾器，為的就是能夠快速篩選股票。而我不會這樣做，我知道自己的優勢和圈子，我就待在這個圈子裡，完全不管圈子以外的事。你要知道自己的優

勢是什麼，這一點非常重要。」

從巴菲特的投資效果來看，也印證了這種說法，他的合夥人‧查理‧蒙格也說過：「如果把我們最成功的 10 筆投資去掉，我們就是一個笑話。」

看上去巴菲特和泰德‧威廉斯採用的都是一種比較保守、穩妥、動作最少的打法，他們卻是最強的進攻者。因為他們找到了高價值區，在策略上專注，用最有把握的方式取勝，這種思維方式就叫做「價值思維」，而這種策略，我們稱之為「高手的策略」。

在平時的生活和工作當中，我們該如何應用這種策略呢？

第一，找到屬於你的「甜蜜區」。也就是找到自己最擅長，並且能產生高價值的領域。

第二，在策略上專注。只打「甜蜜區」裡的球，徹底忽略那些高價值以外的事情，即使它們看起來很有吸引力。

第三，不斷改進，持續疊代。在高價值領域，用最不取巧的方式深耕、疊代、進化，等候時間的回報。

我們每個人的時間、精力、智商其實都是差不多的，高手之所以比普通人做得更好，往往就是因為他們在高價值的事情上投入更多，並且能夠長期保持專注。要做到這一點，就需要一種對價值的精確定位以及勇於捨棄的能力，從人性的角度來說，這往往是反本能的。

正如暢銷書《怪誕行為學》作者‧丹‧艾瑞利所說：「人們在面對多項選擇時，即使明知道其中一項可以獲得最大的成功，他們也不願意輕易放棄其他選擇，因為我們的大腦對風險有著天然的排斥和抗拒。也正是由於這個原因，能夠獲得巨大成功的人才是少數，因為他們能克服某些大多數人都無法抗拒的本能。」

策略思維：

什麼是策略，如何制定人生策略

「策略」最早是軍事領域的一個概念，是一種著眼全域性，為實現全域性目標而規劃的過程。現如今，「策略」經常被應用在日常生活和工作當中，例如：作為個體，我們會為自己制定各種人生策略；作為公司的管理者和決策者，會在企業的不同發展階段制定相應的經營策略；等等。雖然我們經常談策略，但很多人並沒有真正理解這個概念，導致他們制定了一些不是策略的「策略」。

那究竟什麼是策略，我們又該如何制定策略呢？

策略的目標不是輸贏，而是轉化矛盾

策略和戰術的概念不同，戰術是指導和進行戰鬥的方法，而策略是作戰的謀略。戰術的目標就是要贏，要解決當下的矛盾，獲得一個確定的結果，就好比下象棋一樣，唯一的目的就是要把對方將死。而策略通常不解決矛盾，只轉化矛盾，有點像下圍棋，表面上是要達成一個互不吃虧的果，實際上卻是讓整個局面向著對自己有利的方向轉化，是要從一種平衡狀態轉化為對自己有利的另一種平衡狀態。

在我們的生活中，假如你喜歡的異性拒絕了你，而你又不想放棄，可如果再去追就會招來對方的反感，這個時候你該怎麼辦呢？最好的策

略就是，先以普通朋友的關係相處，保持關注但別給對方太大的壓力，並盡可能多地給對方留下良好的印象；與此同時，讓自己在各方面快速成長，變得越來越優秀，學會愛人和自愛，或許某一天對方會因為你的優秀和誠意而在態度上有所轉變。如此堅持，就算最終未能如願，這段經歷也會幫助你成為更好的自己，從而吸引更適合你的人。

總之，策略就是要不斷地將矛盾轉化到對自己有利的局面上來。

策略要有所為，有所不為

首先，我們要說一下策略和戰術、策略以及攻略最大的區別在哪裡。

所謂戰術，也叫策略，它比策略低一級，是在大方向已經確定的前提下解決怎麼做的問題。比如，企業如何才能開啟新市場？怎麼能讓產品的使用者體驗更好？

而攻略比戰術更低一級，只是根據已知的方案、流程、步驟，把事情做一遍就可以了。「攻略」這個詞最早來自電子遊戲，這一關怎麼過、Boss 怎麼打，別人都告訴你了，你照著做就行。

其實，我們大多數人所做的大多數事情，都屬於「攻略」級的任務，像自駕旅遊攻略、國外大學的申請攻略等，能把步驟記下來並把每一步都做到位，那麼你就是一個「攻略」級人才。可要想再升一級成為「戰術」級人才，比如專業經理人、高級管理者等，你就必須要有創造力，能把知識和經驗靈活運用才行。

而「策略」級人才就更少了，因為「策略」是統治者的學問，制定策略是為了在資源有限的情況下，作出讓自己或者全體成員利益最大化的決定。因此，策略的本質是作出取捨、作出選擇。《哈佛商業評論》裡

有一篇文章講道：「策略的反面也必須是一個策略。否則的話，你說的東西就不叫策略。」

倘若你給自己制定的計畫是從明天開始認真工作、努力學習，幾年之內成就一番事業，這個計劃就不能算策略，因為它的反面 —— 不努力工作，不好好學習，不成就事業，並不是另一個策略；而如果你打算在大學畢業之後環球旅行一年，開闊視野和眼界，豐富人生經歷，這就是一種人生策略，因為這意味著你放棄了繼續深造或者參加工作等其他方面的策略選擇。

總之，低端人才學習攻略，中端人才研究戰術，高階人才選擇策略。

策略的形成是一種自下而上、持續疊代和循序漸進的過程

所有的好策略都不是一開始就制定出一個完美的計畫，後面跟著執行就可以的，而是先有一個初步的方案，然後在行動的過程中逐漸改進和完善的結果。簡單地說，策略不是想出來的，而是作出來的；不是設計出來的，而是在實踐的過程中不斷修正出來的。

我們都知道，阿里巴巴集團的商業版圖非常遼闊，涉及電商、支付、廣告、金融、雲端遊戲等眾多領域，但是這一系列的商業生態鏈並不是在一開始就設定好的，而是逐漸「生長」出來的。

最早，馬雲做的是中國黃頁，目的只是為小型出口公司提供外貿服務，相當於一個網路上的廣交會。如果不是做中國黃頁，他就走不到B2B這個業務上來。

從中國黃頁發展到B2B之後，公司需要一種新的電子商務形態來突破業務發展的瓶頸，於是就借鑑了eBay的B2C模式，成立了淘寶網。

　　隨著越來越多的人在網路上購物，另一個問題就產生了，買賣雙方不知道該怎麼達成交易，先給錢還是先發貨？先給錢如果不發貨怎麼辦，先發貨如果不給錢怎麼辦？這種交易風險造成了大量的客戶流失。為了解決這個問題，阿里巴巴開發了另一個專案 —— 支付寶。

　　解決了支付問題，商家紛紛湧入，但品牌商希望自己能跟普通商家有所區別，阿里巴巴為了滿足品牌商的這種需求，一個新的 B2C 網站 —— 天貓就誕生了。

　　龐大的交易量使平臺沉澱了大量的浮存金，為了提高這些閒置資金的利用率，於是誕生了一家新的企業 —— 螞蟻金服。與此同時，海量的交易資訊和使用者資料也為後來的業務打下了堅實的基礎。

　　由此看來，策略的形成並不是一蹴而就的，而是持續疊代的結果，是一種從「使用者中來」到「使用者中去」的生態化過程。

　　最後，我們來做一個總結，策略有以下三個特徵：

　　策略的目標不是輸贏，而是將當下的矛盾轉化為對自己有利的局面；

　　策略的本質是作出取捨、作出選擇，要「有所為，有所不為」；

　　策略不是設計出來的，是一種自下而上、不斷演化的生態化過程。

窄門思維：

困難的路越走越簡單，簡單的路越走越困難

經常有人告訴我們，「選擇比努力更重要」，卻沒人教我們該如何做選擇。一種簡單粗暴卻能夠非常有效地作出選擇的方法，就是備受高效能人士喜歡的窄門思維法。

1962 年，美國總統約翰·甘迺迪在一次演講中說道：「我們選擇在這個年代登月，不是因為它簡單，而是因為它難。」正是這句話激勵了那個時代的美國人，最終完成了在當時看來不可能完成的登月任務。

真格基金的創始人、著名投資人徐小平說過一段話：「當有兩件事擺在你面前，一件可以輕鬆上手，而另一件則需要你從頭學習摸索，你該怎麼選呢？別猶豫，選那件難的事情。我也不知道為什麼，但是每次都是那件更難的事成就更大。我所認識的所有高手，都有一種『捨易求難』的本能。」

現實生活中，我們大多數人在做事情的時候，潛意識裡普遍都更傾向於選擇做那些看起來比較容易的事，並盡可能避開困難的事；遇到難以解決的問題，也更傾向於尋找捷徑，而不是面對困難。這麼做的原因很明顯，因為簡單的事更容易成功，代價小、見效快，能夠迅速取得正回饋和成就感；做困難的事不僅耗時費力，而且最後能不能做成還是個未知數。

　　選擇做容易的事看起來很聰明，從成本收益上來看似乎是個最優解，但實際上人們往往只看到了做困難的事所付出的代價，而低估了它的回報和成果。比如，當一個程式工程師遇到了一個技術上的難題，他可以選擇直接向更有經驗的人請教，也可以自己查資料或者到網路上尋找答案。相比而言，自己獨立解決問題收穫會更大，在攻克難題的同時，他可能還會有其他意料之外的收穫。比如，他知道了再出現類似問題的時候如何能找到解決方案，哪個網站上有價值的資訊更多，哪些書是這個領域的代表著作，等等。剛開始可能會比較難，但隨著他解決問題的能力越來越強，以後做起事來就會越來越容易。

　　美國網路支付大廠 PayPal 公司的創始人兼執行長·彼得·提爾有一個著名的管理哲學理念，叫做「極端聚焦」。他要求 PayPal 的高管和員工們在一段時間內只專注最重要的核心任務，年終總結的時候，也要求他們只寫一項對公司最有價值的貢獻，而不是要求員工寫得越多越好。

　　對於這種管理理念，彼得·提爾是這麼解釋的：「人實是喜歡逃避挑戰和困難的一種動物。比如，現在你手頭上有兩個任務：一個比較難，具體該怎麼做也沒有明確的標準答案，可是一旦完成，工作上就會取得巨大的進展；另一項任務比較容易，有固定的步驟和流程，工作成果對公司也會有幫助，但幫助不是特別大。這時候，人往往會優先完成第二項任務，解決完後，他會給自己再找一個類似的簡單任務……最後那個非常難但是又非常重要的工作就被擱置了。相反，如果你只有一項困難的任務，你就會想盡一切辦法去解決它，因為你逃無可逃了。」

　　彼得·提爾說：「如果一家公司一直在忽略 95 分難度的問題，而總是在試圖解決 80 分或者 85 分難度的問題的話，那麼這家公司最多也就是一個七八十分的公司。」

再講一個網飛公司的案例。

2019 年 7 月，全球上市網路 30 強榜單中網飛排行第六。然而在創立初期，這家公司也經歷過一段非常艱難的時光。1997 年，美國的網路產業剛剛崛起，DVD 產品開始在民間普及，當時網飛主要經營的是 DVD 租賃業務，並且面臨著非常殘酷的市場競爭，如果業績沒有突破，很可能會被市場淘汰。為了能在競爭中取得優勢，網飛高層決定徹底改變打法，撤掉所有的實體店，把店面搬到網路上，同時開通郵寄業務，讓使用者直接在網路上租賃 DVD。這個提議遭到了董事會的強烈反對，原因是這樣做需要克服的困難太多了，比如，使用者習慣難以改變、物流成本過高、DVD 在郵寄途中的磨損和丟失等問題。

面對這些質疑，公司的聯合創始人馬克‧倫道夫，只用一句話就打消了大家的顧慮，他說：「正是因為這些事情確實很難，所以一旦我們真的把這些問題都解決掉，就會創造出一種競爭對手無法企及的優勢，讓他們根本沒法和我們競爭。」

經過幾個月的不懈努力，網飛最終實現了自己的目標。2019 年 8 月 16 日，網飛公司的市值達到了 1,325.76 億美元。

一個月就能做成的事情，你能做大家都能做；一年能成功的事情，做的人會少一些；要五年才能成功的事情，做的人就更少了；如果做一個事情要十年才能成功，基本上就沒人跟你競爭了。

勇於去做那些更困難的事、走一條更難走的路，往往是一種智慧的選擇。所以，當你面前有很多選項不知道該如何做選擇的時候，最簡單的方法就是選擇讓你覺得困難的那個。做困難的事有以下七個好處。

最難的事情，解決的往往是最重要、最核心的問題，做成之後產生的回報也是最大的。因為只要最核心的問題解決了，其他問題就會迎刃而解。

更難的事情做起來反而會更簡單。因為大多數人都喜歡做 50 分～80 分難度的事情，所以你會發現在這個難度等級裡面擠滿了競爭者。可當你把目標訂到 120 分難度的時候，基本上就沒什麼人跟你競爭了，眼前一片藍海。

當你目標遠大的時候，會吸引最好的幫手和合作者。因為最優秀的人同樣是目標遠大，喜歡解決那些最重要、最不可思議的問題的人，而你也能在他們身上學到很多東西。

做最難的事情的最大優勢是，它的難度可能只是普通事情的 100 倍，它所產生的價值和影響力卻可能是普通事情的 10,000 倍。在性價比上，你已經賺了。

做最難的事情的另外一個好處就是，就算不成功，結局也不會太差。俗話說：「求其上者得其中，求其中者得其下，求其下者無所得。」瞄準月亮，哪怕失敗了，至少也能落到雲彩上吧。

越難的事情，經濟回報也越大，然後你就可以把這些回報投入新的、更難的事情上。就像華特・迪士尼說的，「我們拍電影不是為了賺錢，我們拍電影是為了賺錢拍更多的電影」。

那些最難的事情一旦做成，你將得到最快的成長，最大的成就感、滿足感和自信心。與此同時，還能建立起競爭對手最難以跨越的高門檻，甚至是護城河。

因此，我們要摒棄從眾心理，尋找市場上不常見的、別人容易忽視或者看不上的機會，埋下頭來深耕市場，在競爭不大或幾乎沒有競爭的市場中自由發揮自己的專長，並把市場深度和廣度做到極致。這就是窄門思維。

槓鈴思維：

如何用最小的風險，博取最大的收益

人的一生中會面臨無數個大大小小的選擇和決策，不知道你有沒有發現這樣一個規律，生活中所有的小決策通常都是左思右想、權衡利弊之後作出的，比如中午吃什麼、買哪個品牌的手機、去哪裡旅遊等。而所有重大的決策，往往都源於某個偶然事件的發生，而不是周密計劃的結果，比如，從事什麼工作、跟誰結婚、選擇哪個創業方向等。如果你仔細觀察那些取得了很大成就的人，會發現他們的成長路徑都不是一帆風順、按部就班的，其崛起也不一定是在意料之內的。剛開始的時候，他們和大多數普通人一樣默默無聞，後來突然出現了一個拐點，人生就上了一個臺階，產生了突破性的飛躍。

當然，我說這些的目的並不是在倡導機會主義，只是想說，在當今時代，對機會的判斷與把握，比一味地辛勤勞作更能決定你的價值。有時候選擇比努力更加重要。

時代變了，我們的思維方式也要跟著改變。在過去，整個社會是由一個個的金字塔結構所組成的，大多數人的發展途徑只有升職加薪這一條路，有點類似於遊戲中的打怪更新，這一關你過不去，就別想進入下一關。但現在不一樣了，社會結構越來越呈現出一種扁平化的網狀結構，每個人都處於網路中的某個節點上，你想從一個節點走到另一個節點有很多條路，這條路走不通，換個方向走就是了。就像在瀏覽網頁的

時候無意中點開了一個超連結，你也許會進錯地方，但也有可能會闖進一個你以前想都不曾想過的廣闊天地。

現在的問題是，很多人的難處並不是缺少機會，也不是看不到好機會，而是不知道該怎麼選擇和取捨。因為機會總是與風險並存的，穩定和高收益自古以來就不可兼得，比如是繼續打工還是辭職創業，存款是用來買房還是投資，等等，諸如此類的問題一直困擾著很多人。那我們如何才能做到既能避免風險，又不會錯過機遇呢？

在回答這個問題之前，我想請你先思考一個工程學上的問題。

假設在你面前有一座 100 層的高樓，在你手中有兩個一模一樣的玻璃球。把玻璃球從 1 層到 100 層樓中的某一層扔下來就會摔碎，而從這一層以下的所有樓層扔下玻璃球都不會摔碎，請你找出這是 100 層樓中的哪一層。

為了找到答案，你可以從一樓開始一層一層往下扔，直到玻璃球摔碎為止。這種方法最簡單，但是太煩瑣，如果是第 100 層，你就得扔100 次。

那怎麼才能用最簡單的方法、最少的摔落次數，就判斷出能把玻璃球摔碎的樓層是哪一層呢？

我可以直接告訴你答案，你先用一個玻璃球每隔 10 層往下扔一次進行測試，先在第 10 層扔下去，如果玻璃球沒摔碎，就到 20 層再扔一次。以此類推，直到摔碎為止，這樣就能初步判斷出一個大概的區間範圍，比如在 30 層摔碎了，那麼答案就在 20 層與 30 層之間。然後再用另一個玻璃球從 21 層開始向上一層一層往下扔，直到摔碎為止。這樣就能以最少的扔球次數找到正確的答案。

同樣的道理，要想用最少的失敗次數找到人生的最高價值點，也可

以採用這種工程學方法。

你依然需要兩個小球，一個用來腳踏實地做好該做的事，另一個用來尋找和嘗試更好的機會。人的一生要有兩個線條：一個細線條，一個粗線條。細線條表示按部就班，粗線條意味著不斷冒險。

這個思路跟納西姆·尼古拉斯·塔勒布在《黑天鵝》一書中提出的「槓鈴策略」不謀而合。所謂槓鈴策略，顧名思義就是兩頭重、中間輕。

也就是說，一方面你要把絕大部分的資源，包括你的時間、精力、財富、人脈等資源，放在最安全的業務上，以確保穩定的收益；另一方面，再將一小部分資源放在風險最高、收益最大的業務上，嘗試各種機會和風口，讓收益爆發式成長成為可能。切記：千萬不要在風險不大不小、收益一般的專案上投入資源。

塔勒布曾說：「之所以要採取槓鈴策略，是因為一方面要保持對風險的警惕，另一方面又要防止因為過於保守而錯過機遇。」

騰訊公司出品過一款遊戲，叫做「王者榮耀」。據說最火爆的時候，平臺每天線上人數超過 8,000 萬，每個月能給騰訊帶來三四十億元的收入。其實，這款遊戲並不是騰訊公司在進行了周密的策劃和設計之後研發的產品，「王者榮耀」的成功可以說完全在意料之外。

騰訊公司的遊戲部門是由很多個獨立營運的遊戲工作室組成的，每個工作室分別開發不同的產品，各部門產品 PK，根據使用者資料和市場回饋，對於最終勝出的產品，公司再集中力量傾注資源，將其打造成爆款。「王者榮耀」本來是一款名不見經傳的遊戲，經過幾次改版才在眾多產品的競爭中獲勝，在推向市場之後，一下就火了。

正所謂「一將功成萬骨枯」，一款遊戲的成功，意味著其他眾多遊戲產品的淘汰。可對於騰訊來說，這個代價是可以接受的。即使所有的

遊戲產品全都失敗了，所花費的成本和代價在一個千億級別的企業眼中也不算什麼，但只要有一款遊戲成功了，它所帶來的收益就是不可估量的。

最終，「王者榮耀」成了正面的「黑天鵝」。

在我們的人生當中，要想捕獲這種正面的「黑天鵝」，就要用較小的代價在各種可能性中不斷地試錯。比如，把80％的時間用在本員工作上，20％的時間用來追求理想，做自己喜歡的事；把80％的精力用在自己的專業上，剩下的20％用來廣泛學習其他領域的知識。再比如，出去吃飯的時候，別總是去最常去的地方點最愛吃的那幾個菜，偶爾嘗試一下自己沒吃過的東西。總之，用小成本不斷試錯的好處是，成功了，歡天喜地；失敗了，無關大局。久而久之，你會發現生活所能給你的，遠遠超過你所想像的。

就像「股神」巴菲特所說：「我永遠把大部分資金放在安全穩妥的管道上，我也永遠保持對高風險、高利潤的小額追逐。」

交響思維：

讓自己成為創造力最強的「複合型人才」

「21 世紀什麼最值錢？人才！」

這是電影《天下無賊》裡面一句非常經典的臺詞，雖然這已經是個老梗了，但是我相信，這句話的正確性在人類可預見的未來都不會改變，人才永遠是稀缺的。可問題是，人才有很多種，到底哪種人才才是最具價值的呢？

20 世紀中期以前，人們眼中的人才大多屬於「通才」，他們上知天文下知地理；前通歷史後懂科技；既學過傳統國學，又熟悉西方哲思，聊任何話題都能鎮得住場子，讓人覺得他學識淵博。

可在第二次世界大戰之後，人們逐漸意識到，在社會分工越來越細的趨勢下，一個人的精力是有限的，不可能樣樣都精通。因此，人們普遍開始仰賴「專業」的力量，是否精通一項單一技能開始成為人才的代表。

然而有資訊顯示，自 2007 年開始，對人才的定義又變了。隨著網路的興起，不少行業的基礎知識沒有了太高的壁壘，在很多領域，從專業度來說，機器比人做得更好。在現代社會，一個人如果只掌握一種技能，則很容易被時代淘汰。

所以，「通才」和「專才」都不是最強的，當今世界對「人才」的要求又有了一個新的高度，「複合型人才」應時代而生。

　　所謂「複合型人才」，是指既有自己擅長的核心技能，又對其他領域有所涉獵，也有人將這種人才叫做「T字形人才」。

　　那麼，「複合型人才」到底強在哪呢？

　　美國3M公司擁有很多領域的專利技術，研究人員對發明專利的人進行了分類統計，想知道哪種人才發明的專利為公司創造的價值最大。結果顯示，「專才」和「通才」的成績差不多，但都不是最好的，成績最好的是「複合型人才」。

　　3M公司內部設立了一個鼓勵發明專利的獎項，相當於全公司範圍的「諾貝爾獎」，其中獲獎最多的也是「複合型人才」，這種人才的創造力是最強的。

　　美國著名的未來學家及趨勢專家丹尼爾・平克曾說：「『複合型人才』的優勢來自這樣一種能力 —— 他們能發現完全無關的兩個系統之間的連繫，能將若干個相互獨立且毫不相干的要素組合在一起，形成某種新的觀點。」丹尼爾・平克將這種能力叫做「交響力」。顧名思義，就是類似於交響樂團裡的指揮家所具有的將各種不同樂器整合成一首偉大樂曲的能力。

　　芝加哥大學心理學家米哈里在對那些具有很強的創造力的人群進行研究後發現：創造力一般都跟「跨領域」有關，最具創造力的人，總能看到不同領域之間被其他人忽視的連繫。

　　國際著名設計師莫克做過一個預測：「未來十年，人們需要具備跨領域的思考能力和工作能力，以此來探索與自己專業完全不同的新領域。他們不但要處理不同領域的工作，同時還要找到它們之間的連繫並發現其中的機遇。」

　　美國有幾位經濟學家在漫畫行業做過一項研究，想知道一部漫畫作

品的商業價值跟作者的哪種特性關係最大，有三個選項：

作者出書的速度，也就是他是不是一個高產的作家；

作者在漫畫行業裡累積了多少年的經驗，即他是不是一個經驗豐富的作家；

他的作品主要是由個人完成的，還是由團隊成員合作完成的。

結論是，只有第三項與作品的商業價值呈正相關，前兩項都是負相關。

也就是說，決定作品價值最重要的因素，是作者涉獵的廣度。

這個規律在其他領域是否同樣適用呢？

哈佛大學心理學博士丹尼爾·高爾曼對 15 家跨國企業的管理層做過一次調查，他在調查報告中寫道：僅憑「模式辨識」這一項能力，就能將優秀管理者與普通管理者區別開。所謂「模式辨識」，就是從一堆不同領域的資訊中，識別出有意義的訊號和趨勢，從而作出長遠策略規劃的能力。同樣，對企業家群體做過調研的學者麥可·布隆伯格也曾說：「所有優秀的企業家無一不擅長系統思維，如果你想成為一名優秀的企業家，你就要學習如何調動系統思維，激發全域性觀的本能。」他所說的「系統思維」，就是一種跨領域的能力，即「交響力」。

既然「交響力」如此重要，那怎樣才能有效地培養這種能力，成為「複合型人才」呢？

嘗試跨領域

當你在自己的專業領域上達到一定高度之後，可以嘗試著接觸一下其他領域的東西，或者培養一些業餘愛好。有資料顯示，學術水準越高的科學家，越會在本員工作之外發展業餘愛好。有資料表明，諾貝爾獎

得主當中有業餘愛好的比例是普通科學研究工作者的 22 倍。

麻省理工學院教授尼古拉斯・內格羅蓬特曾說：「很多工程學上的難題和僵局都是由根本不是工程師的人打破的，因為思考問題的角度比智商更加重要。有突破性想法的人一般都具備多元化的背景以及跨領域的工作經歷。」

多聽交響樂

聆聽偉大的交響樂，是培養「交響力」的絕佳方法。例如，在不同的情境中去聽貝多芬的第九交響曲《歡樂頌》的時候，你會對這首曲子有不同的感受；在聽《D 大調第三十五交響曲「哈夫納」》的時候，你也可以留意一下莫札特是如何在樂曲中加入木管，從而讓整體效果上升了一個等級的。

善於打比方

說話的時候盡可能多地引用比喻，這能讓你的表述更容易理解，而且當你能用不相關領域中的語言表達一個事物的時候，無形中也是將這兩個事物以一種獨特的方式連繫了起來。

舞蹈設計師特懷拉・薩普曾說：「你發明的所有東西都是其他事物的另一種表現形式，在創新的過程中，比喻能力和智商一樣重要。」

轉折思維：

遇上中年危機是因為年輕時不夠努力？錯，它代表著人生的新起點

一直以來，一說到「中年」這個詞，人們就會不自覺地與「危機」連繫在一起。

在現實生活中，中年人遇到危機的比例有多大，並沒有確切的數字，但從各類媒體、短影片、公眾號所描述的情況來看，現在的中年人真的挺慘的，比如生活上，上有老下有小，沒有依靠卻要被靠且要靠得住；工作上，無論是大企業還是小公司，應徵者都傾向於考慮35歲以下的群體，且比自己年紀小的主管可以肆無忌憚地批評中年下屬，因為他不敢辭職……

「中年危機」的話題之所以被大家熱烈地討論，總體來看，其矛盾主要集中在工作和事業方面，比較主流的說法是：一個人如果到了中年還沒混出個樣來，再加上精力、體力以及在人力成本上拚不過年輕人，往往會導致工作機會驟減或者成為被裁員的首選對象。

很多人認為，一個人之所以會遇到中年危機，是因為他年輕的時候不夠勤奮、不夠努力。正所謂，少壯不努力，老大徒傷悲。

不可否認，人在年輕時候的表現確實在某種程度上影響著人生中後期的生活品質，但這並不是中年危機的根本原因。換句話說，人到中年會不會遇到危機，跟你上學的時候學習好不好、工作的時候努不努力沒

有必然的關係。中年危機不是平凡人的專利，很多非常優秀的人同樣會遇到這一類困惑。被解僱的中興工程師難道不優秀嗎？並不是，他在大學和研究生階段讀的都是名校，不誇張地講，他在 25 歲以前所取得的成就，超過了全國 99% 的同齡人。但即便是這樣的人，到了中年不也遇到危機了嗎？

那導致中年危機的根本原因到底是什麼呢？雖然每個人的情況各不相同，但既然這是一個比較普遍的現象，就一定存在著一個相對共性的起因。要弄清楚這個問題，首先我們要了解一下「中年」這個階段的特點。

從進化心理學的角度來看，任何一個物種的任何一個特徵、性狀都是被自然選擇篩選過的，因為有用才沒有被淘汰，中年階段也不例外。

劍橋大學生物學教授大衛·班布里基在進行了多年人類學與動物遺傳學的研究工作之後，發現人的中年階段對人類文明的發展有著重大的作用，他將自己的研究成果寫成了一本書——《中年的意義》。他認為，中年的意義在於文化的繁衍和知識的傳承。

在動物世界，很多小動物在長大一點的時候，它們的父母就會教它們捕獵，用不了多久小動物就能掌握全套獨立生存的本領。但人卻不同，人是一種需要相互合作才能生存的社會性動物，人與人之間的關係也是在合作的過程中產生的。以色列歷史學家尤瓦爾·赫拉利在《人類簡史》一書中說過，「人類之所以能戰勝其他更強大的動物而生存下來，就是因為能夠進行大範圍的合作」。

有合作就必然要有分工，有分工才會有效率，隨著社會化、專業化的程度越來越高，對人類的大腦和智力水準也就提出了更高的要求。在這個背景下，年輕人只靠自己、要想在短時間內學會安身立命的本領和

技能就不太可能了，他們在剛進入社會時，必須花費幾年甚至更長的時間向前輩們學習。而中年人經過多年的累積，掌握了大量知識、技能和經驗，可以幫助年輕人快速成長，或者成為他們的榜樣。人類社會之所以能夠快速地發展，靠的就是知識、經驗、技術的代代傳承，而這個艱鉅的重任和使命，也就天然地落在了中年人的肩膀上。

從這個角度來看，人的一生可以分成兩個階段，前半段是 20 歲～40 歲，主要任務是累積知識、鍛鍊技能；後半段是 40 歲～60 歲，主要任務是傳承知識和技能，使人類文明得以繁衍。

人在 40 歲左右是職責轉換的關鍵節點，也是中年危機集中爆發的節點。也就是說，很多人的所謂中年危機其實並不是什麼真正的「危機」，而是人們習慣了年輕時的生活方式，後來因為生理結構的變化不得不轉型的時候，由於不適應而產生的挫敗感而已。所以如果你覺得自己遇到了中年危機，很可能是命運在提醒你，該換個活法了。

假設你因為年齡過了 35 歲而被公司裁員，這並不一定就表示你被後浪們拍死在了沙灘上，被年輕人淘汰了，很可能是因為這一類的工作已經不是你這個階段該做的事了，你需要給你的人生重新定位。以前做技術的，可能現在更適合做管理或者培訓；以前做運動員，現在更適合做教練；以前給人打工，也許是時候該自己創業了……現在的商業和網路環境空前發達和繁榮，只要你不放棄，總能找到自己的生態位。總之，如果你能換個角度思考，中年危機就不是真的「危機」，而是人生的契機和轉機。

下面我們再來解釋一個問題，為什麼人類文明的繁衍和傳承是中年人必須承擔的職責呢？

人類文明的代際傳承可以讓人超越自我

在很多武俠小說裡，如果某位大俠學會了一門絕世武功卻沒有傳授給後人，通常都會死不瞑目，這是為什麼呢？

因為無論是武功還是心法，無論是知識還是技能，你從別人那裡學來的也好，自己獨創的也罷，都有它單獨存在的價值。嚴格來說，它並不屬於某個人或者某個組織，而是屬於全人類的，不應該因為擁有它的人死亡而消失，掌握它的人不過是一個代管者，有責任和義務將它繼續傳承下去。當你履行了這個職責的時候，你不僅為人類社會作出了貢獻，也在某種程度上完成了自我超越和自我實現。

家庭治療大師簡·海利去世以後，訃文中有一句：「我們用一輩子累積而來的知識，已經普遍地影響了下一代的諮詢師，他們不一定記得我們的名字，但那已經一點也不重要了。」

可惜的是，中國古代有很多技術精湛的手藝人，在傳承問題上都非常保守，傳男不傳女、傳內不傳外，從而導致很多精工巧技最終失傳，這種思想很容易讓人活在自己的世界裡而無法超越自我。

人類文明的代際傳承可以讓人對抗死亡

我們生而為人，最大的焦慮莫過於不知道自己該如何面對死亡，雖然這種焦慮無法徹底消除，卻可以在一定程度上得到緩解。

美國著名存在主義心理學家歐文·亞隆曾經說，「對抗死亡的一個重要手段就是影響力，也就是在你死後，你的生命能夠藉著其他形式的生命或者載體，依然對這個世界產生影響」。例如，賈伯斯離開世界很多年了，但他所創立的品牌依然影響著人們的生活；王陽明為我們留下了豐

厚的精神遺產，在臨終時當弟子問他還有什麼遺言的時候，王陽明指著
自己的心說：「此心光明，亦復何言！」

當然，雖然人類文明的繁衍和傳承是中年人應該去做的事，但並不
是每個中年人都有能力去著書立說、教書育人、創立品牌，只有終身學
習、與時俱進、不斷成長的人才有這個資格。

願景思維：

野心只能帶來一時的成功，偉大的使命才能讓基業長青

多年以前，網路上流行過一個故事，說有幾個名校的畢業生一起打車，在車上聊天的時候，他們提到了曾經的某位同班同學，說這位同學畢業沒多久就在市中心買了房子，可真是有先見之明，現在房價都已經漲到了多少多少……他們的言語之中充滿了羨慕的味道。

這個時候，一直在聽他們說話的計程車司機終於聽不下去了，對他們說：「我家拆遷分了幾套房子，可我就是個開車的，你們才是國家的未來和希望，如果你們這些名校畢業的人才，人生的目標就是在市中心買套房子，而不是考慮國家的未來，那這個國家就真的沒希望了。」

有位大學教授在一篇文章當中也講過一件類似的事情，他說曾有一個時期，國外有些名牌大學的教授在招收從中國來的學生讀博士時異常謹慎。其原因是，中國學生雖然考試能力很強，比其他國家的學生錄取率更高，但他們博士畢業之後，找工作的標準通常只有一條，就是看哪個公司、哪個職位給的薪酬高。很多學生本來能在數學、物理、生物等自然基礎學科領域大有作為，卻僅僅因為一份高薪工作就放棄了值得一生追求的目標和理想，義無反顧地投奔了華爾街。所以他們認為培養中國學生就是浪費資源。

很多人都把買房買車、財務自由作為人生的第一要務和唯一目標。當然，我並不反對人想要多賺錢的意願，甚至我相信在很多情況下，

能不能獲得經濟利益是判斷一件事情是否對社會有實際價值的重要依據。但是物極必反，如果腦子裡全是錢，就會造成人性的扭曲和信仰的崩塌。

從小老師和家長就告誡我們，你要是不好好學習，將來就考不上好大學，找不著好工作，等等。道理雖是這樣的，但長此以往，學生們就以為好好學習就是為了考好大學、找好工作。多年之後，在這種脅迫式教育理念的驅使下，我們終於成了一個階段性的逐利者，我們的每一份努力，都是由一個短期的、目的性的目標所驅使的。然而，當我們經歷了從實驗小學到重點中學，再到國內外名校，從職場菜鳥到優秀員工，再到企業高階主管的整個過程之後會發現，我們已經找不到自己了。

那些很久以來想要實現的目的性目標，不過是人生旅程中的階段性成果，並沒有讓我們成為人生贏家，收穫想像中的幸福和快樂，反倒是內心被更大的空虛、更多的焦慮填滿了。之所以會出現這樣的結果，是因為我們缺少一種叫做「使命感」的東西。

那麼，什麼是「使命感」呢？

相信很多人都聽過「三個石匠」的故事。

從前有個人在路上走，遇見三個石匠正在做同樣的事情，就走上前問他們在做什麼。

第一個石匠說：「我在鑿石頭。」

第二個石匠說：「我正在砌一堵牆。」

第三個石匠說：「我正在建一座大教堂。」

這個故事常用來比喻人的格局和境界。第一個石匠只知道眼前的具體事情；第二個石匠能看到階段性中長期目標；第三個石匠把自己的工作和人生的使命連繫在了一起。

　　第三個石匠口中所說的「大教堂」通常有一個特徵，就是從它開工之日到完工的時候，往往要橫跨幾百年的時間，如巴塞隆納的聖家族大教堂，從 1882 年開始修建，直到今天還沒有完工。也就是說，一個建造教堂的人，很有可能是看不到教堂建成之後的樣子的。這種「大教堂思維」就是一種使命感，也可以說是一種「天職」。

　　使命感由內心深處的願望所驅動，是一種不帶任何功利性的、超越自我的價值觀和意義的感召力；是一項即使自己看不到它完成的那一天，也願意為其奉獻一生的事業。

　　這就是一種願景思維。例如：賈伯斯，願景是用科技改變世界；比爾蓋茲，願景是讓每個家庭都用上電腦；北宋思想家和教育家張載，願景是為天地立心、為生民立命、為往聖繼絕學、為萬世開太平；……總之，你有多大的胸懷，就有多大的舞臺。

　　也許有人會說，這是畫大餅、扯情懷，我沒那麼多高大上的理想，我的願望很簡單，就是想多賺點錢，讓自己和家人過得好一點。這麼想也沒什麼不對，可就算你為名為利，也應該講點情懷，因為心中的詩和遠方有時候反而能幫助你度過眼前的苟且，仰望天上的月亮也並不意味著一定要放棄腳下的六便士。

　　曾經有一項針對 20 萬人的調查研究，意圖找到人們做事情的動力和表現之間有什麼關係。結果發現，相信做事是為了幫助別人的人，比那些認為做事只是為了賺錢的人，表現要好得多。

　　《美國科學院院報》中的一份報告顯示，具有超我價值觀的受試者，往往更傾向於把壓力轉化為挑戰。

　　有研究人員找來一批志工搞募捐，並將這些志工分成三組：對第一組給予精神鼓勵，告訴他們這個捐款很重要，能幫助很多人；對第二組

給予金錢獎勵，每個人將獲得自己募集到的捐款的 1% 的獎金；第三組
也是給獎金，但獎勵的金額比第二組多得多，每個人最終將得到捐款的
10%。你認為哪一組志工募集的捐款最多呢？結果發現，第一組志工最
賣力，募集的捐款也最多；第三組，即 10% 獎金組排第二；第二組，即
1% 獎金組募集到的捐款最少。

正如萬通集團董事長馮侖所說：「我研究過很多賺了錢的人，後來發
現賺錢最多的實際上是那些追求理想、順便賺錢的人，他們順便賺的錢
比那些追求金錢、順便談談理想的人要多得多。」

《巔峰表現》一書當中也有一些類似的真實案例：

一個身強力壯，但並不是專業舉重運動員的普通人，有一天看到別
人遭遇車禍而被壓在車底下的時候，他為了把人救出來，居然憑著一己
之力，抬起了汽車的一角。

一個在大學當教授的父親，有一天失去了他的女兒，他感覺生活沒
了希望，開始自暴自棄。在父親節這一天，他突然感到女兒想讓他做點
什麼，於是他振作起來，決心像對待女兒一樣對待所有的學生，後來這
位父親成了大學裡最受歡迎的教授。

一位女登山運動員，在攀登高峰的途中，感到太艱難打算放棄的時
候，她的丈夫站出來提醒她，說在放棄之前，要再想一想她到底是為了
什麼才做這件事的。於是她想到自己登山的初衷是為了榮耀，最後不僅
堅持了下來，還打破了世界紀錄。

這些案例背後的道理有點像中國古人所講的「無為而無不為」，你要
想「超越自我」，就得追求比自我更博大的事。

在商業領域，有一種廣為流傳的說法，即消費者購買的並不是你的
產品，而是你的理念。比如，一個打算購買聯想電腦的人，可能會因為

戴爾電腦的價格比其便宜了 300 塊錢就轉去購買戴爾電腦；蘋果產品的粉絲則不會因為蘋果電腦或者蘋果手機比其他品牌貴了幾千塊錢就放棄購買，甚至無論蘋果推出一款什麼樣的新產品，都有忠實的鐵粉為之徹夜排隊購買。造成這種差距最重要的原因並不在於產品本身，而是產品背後的理念和價值觀，關於這一點從不同品牌的廣告詞當中就能看得出來。

普通電腦品牌的廣告通常會說：我們的電腦特別棒，它外形美觀，功能強大，操作簡單，非常人性化，你要不要買一臺？限時優惠 300 元，趕快行動吧……

而蘋果公司的廣告是這樣寫的：我們做的每一件事都是為了突破與創新，我們嘗試以不同的方式思考問題，我們挑戰現狀的方式就是把我們的產品設計得十分精美、使用簡單、介面友好，在追求卓越的過程中我們恰巧生產出一款最棒的電腦，你想要嗎？

這兩個廣告從傳遞的資訊方面來看非常相似，給人的感受卻完全不同，為什麼？因為蘋果的廣告一直在傳達自己的理念，如果你講述自己的理念，吸引來的就是跟你具有相同理念的人。

賈伯斯曾經有一個習慣，就是每年在蘋果大會上演講時，在距離釋出會結束還有 15 分鐘的時候，他都會說「還有件事沒有講」。所謂「還有件事」指的就是蘋果公司今年賺了多少錢，這是他一貫的表達方式，也是一種思維方式。也就是說，重要的是你都做了哪些事，賺錢不過是一個自然的結果。

人類總是批次生產東西，從生產線上出來的產品基本都是一個樣，可來到這個世界上的每個人都有著自身不同的特質和特殊的意義，以及不一樣的天職和使命。找到自己的人生使命，並不是一件容易的事，有

的人甚至到死都不知道自己活著到底是為了什麼。奧地利作家褚威格說過：「一個人生命中最大的幸運，莫過於在他的人生中途，還年富力強的時候，找到了自己的使命。」

既然使命感這麼重要，那我們怎樣才能找到自己的人生使命呢？請你試著回答以下三個問題。

第一，你最熱愛的事是什麼？

德國哲學家黑格爾說：「假如沒有熱愛，世界上一切偉大的事業都不會成功。」自己最熱愛的事，往往是那些即使沒有回報，或者不能馬上得到回報，還樂此不疲去做的事。第二，你最擅長的事是什麼？

古語有云：「鶴善舞而不能耕，牛善耕而不能舞，物性然也。」人也是一樣，每個人都有自己的優勢，判斷一個人是否成功，相當程度上就是要看他能否最大限度地發揮自己的優勢。

第三，這個世界最需要什麼？

每個人觀察和理解世界的角度都不一樣，在你看來，這個世界最需要的是什麼，哪些問題最急待解決，哪些人最需要幫助，等等。這些很可能就是你最應該去做的事。

當然，除了這三種問題的答法外，還有一個更簡單的辦法能幫你找到人生的使命。你可以想像一下，如果有一天你去世了，你希望在你的墓碑上刻下什麼樣的文字呢？又或者，當你的後代提起你的時候，他們會因為你做了哪些事而感到自豪呢？是還清了房貸嗎？是擁有多少豪車和存款嗎？還是其他什麼事情……

漸進思維：

永不止息的涓涓細流，遠比波濤洶湧的海浪可怕得多

有段時間我一直堅持在公眾號上寫文章，更新的頻率不算高，一週也就一到兩篇，但總體來說還算穩定，偶爾也會把新寫的文章轉發到社群，跟大家分享我的「真知灼見」，一堅持就是好幾年。我一個從小玩到大的朋友看到我在寫公眾號，一時心血來潮也開了個號。

俗話說：「人比人，氣死人。」我這個朋友可比我強太多了，基本上能做到日更，每天都能發一篇兩千字左右的文章。我跟他說，這是個長期活，別把自己給累垮了。沒想到此人居然用一副「小人得志」的表情對我說，他每天稍微擠點時間就把這事幹完了，沒什麼難度。一時間搞得我還挺自卑，終於知道身邊有個「別人家的孩子」是什麼感受了。

可遺憾的是，沒過多久，這顆冉冉升起的「新星」就隕落了。堅持了差不多一個月他就停更了，一直到現在，他都沒有再在公眾號裡寫過哪怕一行字。

根據多年的生活經驗，我總結出一個規律，無論做任何事情，凡是一上來就跟打了雞血一樣用力過猛的，都不會長久。羅馬不是一天建成的，所有重大的改變總是在潤物細無聲的過程中逐漸發生的。所以，對於一項長期任務而言，最重要的並不是速度，而是可持續；不是你能做多少，而是你能做多久。

英國哲學家約翰·洛克曾說：「學到很多東西的訣竅，就是不要一下

子學很多。」同樣的道理，想要做很多事情，最好的方法就是不要一下子做太多。要學會循序漸進、持續發展，日拱一卒，功不唐捐，這就是「漸進思維」。

下面我們就透過兩個故事深入了解一下「漸進思維」。

日行 30 公里

1911 年 12 月之前，世界上還從來沒有人到達過南極點。當時有兩位探險家打算完成這項創舉，一位是 37 歲的挪威極地探險家阿蒙森，另一位是 40 歲的英國魚雷專家史考特。他們率領各自的團隊，在同一時間分兩路出發，來爭奪人類歷史上第一次征服南極的殊榮。

這兩個團隊雖然目標一致，他們的行進方式卻很不一樣，主要區別表現在兩個方面。

第一個區別是，阿蒙森團隊無論天氣好壞，每天都堅持走 30 公里，天氣好的時候，即使能多走一段他們也不走了，天氣不好的時候，即使再難也會堅持走完預定的 30 公里；史考特的團隊就比較隨意，天氣好的時候每天能走很遠，甚至可達到五六十公里，而天氣不好的時候，他們就在帳篷裡休息，並抱怨著外面的鬼天氣。

第二個區別是，史考特團隊選擇用一種比較矮的馬來託運物資，而阿蒙森團隊則是用愛斯基摩犬。雖然馬更強壯，在最開始的階段走得更快，但馬不夠耐寒，路還沒走到一半就都被凍死了，最後史考特團隊不得不靠人力來拉雪橇；愛斯基摩犬雖然走得慢，但能在極冷的條件下生存，從而保證了阿蒙森團隊的行進速度。

最終結果如何呢？相信不用我說你也能猜得到，阿蒙森成功地將挪威國旗插在了南極點上，成為人類歷史上第一個征服南極的探險隊，並

且團隊中的所有成員都安全返回了；史考特團隊不僅晚了一個月才到達南極點，而且在回程的途中因為糟糕的天氣再加上體力透支，團隊成員全部遇難。

從這個案例當中我們可以吸取一個教訓，對於那種需要長時間才能完成的艱鉅任務，最好的做法不是狀態好的時候就多做一些，狀態不好的時候就少做一點，而是每天要給自己制定一個安全的任務量，不要貪多，但要保證在極端的情況下也能完成，這樣才更容易堅持下去。

很多人做事情之所以半途而廢，往往就是因為他們總是根據自己最好的狀態來安排工作進度，狀態好的時候當然可以完成，可一旦有個頭疼腦熱或者其他意外狀況，計劃就會被打亂。而只要放棄一次，後面就很難再堅持下去了。所以，再難的堅持，也好過時快時慢，正如一位哲學家所說，永不止息的涓涓細流，遠比波濤洶湧的海浪可怕得多。

通盤無妙手

韓國著名圍棋選手李昌鎬，16 歲就獲得了世界冠軍，曾經在各種世界級的比賽中雄霸棋壇長達 14 年的時間。有位記者在他比賽的時候給他拍了 100 多張照片，洗出來一看全都是一個表情，因此他有個外號叫「石佛」。

李昌鎬下棋最大的特點，也是最讓對手頭疼的地方，叫做「通盤無妙手」，也就是說他在下棋的時候從來不追求「妙手」。什麼是「妙手」呢？簡單說就是那種能夠迅速克敵致勝、力挽狂瀾的高招。例如，在《天龍八部》裡面，虛竹只用一步棋就破解了蘇星河的「珍瓏」棋局，這步棋就是「妙手」。再舉個例子，假設你是一個自媒體創作者，你的文章或者影片平時沒什麼流量，可突然有一天你的某個作品爆紅了，獲得

了幾百萬甚或幾千萬的觀看次數，那麼對你來說，這個作品同樣是「妙手」。

自古以來，「妙手」是很多優秀棋手所追求的，但李昌鎬從不追求妙手，他只求每手棋有 51% 的勝率，俗稱「半目勝」。

通常，一盤棋也就 200 手～ 300 手，即使每手棋只有一半多一點的勝率，最多 100 多手下來就能穩操勝券。也就是說，只要每步棋都比對手好一點點，就足夠贏了。他這種玩法有點像義大利足球隊，很少大比分贏對手，一般只比對方多進一兩個球，但別人要想贏他也很難。

李昌鎬曾對記者說：「我從不追求妙手，也沒想過要一舉擊潰對手。」

他作為當時世界排名第一的棋手，居然每步棋只求 51% 的勝率，這讓很多記者和業內人士都覺得不可思議，這到底是為什麼呢？

第一，「妙手」雖然看起來很酷，贏得漂亮，但是每次在給對手致命一擊的同時，往往也會暴露自己的弱點，正所謂大勝之後必有大敗，大明之後必有大暗；反倒是每步只有 51% 的微弱優勢，逐漸將危機化於無形，最後穩贏。「善戰者無赫赫之功，善醫者無煌煌之名」，也是這個意思。

第二，出現「妙手」的機會是不穩定，也是不可持續的，就像「靈感」一樣，不是想要就能來的，也無法透過刻意練習來形成技能上的累積，因此它沒有壁壘和護城河，一旦有一天江郎才盡，也就意味著職業生涯的終結。

其實下棋和做事的道理都是相通的，當你越想快的時候，反而會越慢；只有當你願意沉下心來認認真真地走好每一步，做好當下該做的事情，隨著時間的推移，真正的優勢會在不知不覺中逐漸形成。

　　美團創始人王興曾經講過一句很有道理的話。他說：「其實，很多人對戰爭的理解是錯誤的，取得戰爭勝利的決定性因素，並不是打拚和犧牲，而是煎熬和忍耐。」

　　其實，成功的關鍵並不是某個突發性的奇蹟般的勝利，你只要做好自己該做的事，功夫下到了一切都會有所改變，只是在那之前，你必須要有足夠的耐心。

　　最後，我希望能和你一起，記住這些精彩的故事，汲取前人留給我們的經驗和教訓，無論環境優劣、運氣好壞，都不要怨天尤人，而是按照自己的計畫，穩紮穩打，步步為營。當你有一天回頭再看，就會發現，你已經走過了很遠的路程。

　　林肯有句話說得好：「雖然我走得很慢，但我絕不退後。」

減法思維：

擺脫外物束縛，重新定義幸福

在 1980、90 年代，人是很容易從物質中獲得幸福感的。在那個年代，電視機、冰箱、洗衣機對於一個家庭來說，買任何一件都算是重大支出了，能讓一家人購買前計劃很久、購買後高興很長時間。

現在這個社會，已經從加法時代變成減法時代。從物質中獲得幸福的時代已經結束。我們如果把自己的幸福閾值降低，而不是和別人過多地比較，幸福的感受來得更快。

有一家權威調研機構釋出了一個最近幾年世界各國幸福指數的排行榜，這份榜單顯示，日本人的幸福指數呈現出持續走低的趨勢。

日本作家本田直之同樣對世界各國國民的幸福指數進行了走訪調查，發現那些幸福感越來越強的國家，人們的生活方式正在經歷著重大變化，他將這些變化和自己的觀察進行總結之後，寫成一本書，叫做《少即是多》。書中闡述了當今社會人們在追求幸福的過程中，生活方式即將發生的 12 種變化，接下來我就結合自己的理解來解讀一下。

從「被迫勤儉節約」到「主動選擇簡樸」

以前我們勤儉節約，主要是因為資源匱乏，是為了節省資源而採取的一種被動的自我約束。現如今社會資源豐富了，人們生活條件越來越

好，還要保持簡樸的習慣嗎？要的，但性質不一樣了，以前是被迫節儉，現在是主動選擇簡樸，是經過謹慎思考之後，自動自發地決定擺脫多餘物質的束縛和累積，過一種簡單、自由、清爽、有序的生活。比如，上下班騎腳踏車代替開車，少吃多運動，對家裡的物品進行斷捨離等等。

從「擁有金錢」到「擁有時間」

前半生用命換錢，後半生用錢買命，這是當今很多職場人的真實寫照。兩耳不聞窗外事，一心只為求財富，其實是一種缺乏安全感的表現，真正有安全感的人是不需要用房子和車子這些身外之物來維護尊嚴的。多花點時間思考自己真正喜歡什麼、擅長什麼，自己的使命和意義是什麼，否則得到再多也不會覺得幸福。

從「朝九晚五」到「時間自由」

在大企業擔任高級職位，作為職業生涯中的一個階段，是有好處的，比如可以累積經驗、增長見識，然而對於多數人來說，這未必是長久之計和最終歸宿。有一句很殘酷、也很現實的話：「牛一輩子在田間辛勤耕耘，卻沒有一塊田最終是屬於牛的。」

當今社會科技和網路快速發展，是個體崛起最好的時代，越來越多的人有了更多的工作方式。自由職業最大的好處就是，你所有的付出以及你常年建立的人脈、資源和勢能，最終都會落在你自己身上。

一味推銷自己，不如提供幫助

劉潤老師曾經說：「真正屬於你的人脈，是那些你曾經幫助過的人們。」與其費盡心思地推銷自我、參加各種活動，結識各路人脈，倒不如把精力和時間用來自我精進，當你有能力為別人提供幫助的時候，人脈自然形成，同時會有更多的機會主動找到你。

做一個不依賴於任何平臺、靠實力說話的人

在大公司身居要職之人所擁有的光鮮身分和亮麗頭銜，其實未必是個人能力的真實展現，很可能只是靠平臺賦能，一旦失去他所在的平臺，往往會被迅速打回原形。所以，無論是順境還是逆境，都要堅持學習、與時俱進；不依賴於任何平臺、靠實力說話的人，才是真正具有可持續發展潛力的人。

只做必要的事，以積極的心態面對辛苦

巴菲特有個25/5生產力法則：寫下你認為此生必須要做的25件事，然後一個一個排除，只留下最重要的5件事；

保證這5件事做好之前，絕不碰其餘的20件事。

人之所以感到活得很累，相當程度上是因為不夠專注，做了太多沒必要的事，所以要經常思考並精簡自己的事務清單，移除那些可做可不做的事。對於必須做的事，採取積極主動的態度，享受做事的過程，這樣往往能把別人眼中的辛苦變成自己最大的幸福。

保持獨立思考的能力

每個人在剛出生的時候都是「原創」，可很多人後來偏偏活成了「盜版」。其實，人這一生怎麼過沒有固定的模板和套路，也不可能複製，所以隨時隨地都要保持獨立思考的能力，不能人云亦云、隨波逐流，否則不是被「割韭菜」，就是被大眾的觀念所裹挾，比如，到了年齡就必須結婚，公家單位的工作才是好工作，非得財務自由才算實現了人生價值，等等。每個人都有權用自己喜歡的方式去生活，讓別人的觀念與說法主宰自己的人生，既無聊又荒唐。

小眾市場的消費潛力並不小

未來，小眾市場更能聚集能量，更加具有品牌熱忱和消費潛力。所以，無論是打工還是創業，未必一定要殺進競爭激烈的紅海，你可以瞄準一些小眾市場。《失控》的作者凱文·凱利提出了一個 1,000 鐵桿粉絲理論，即在網路時代，不管你從事哪個行業，無論你是一名手工藝人、攝影師、音樂家、設計師、企業家，還是脫口秀演員，你只需要擁有1,000 個鐵桿粉絲，就能養家餬口、體面地生活。

個人品牌比短期回報更重要

在職場當中，有一句最害人的話，叫做「給多少錢，幹多少事」。有的人在職場中過於追求高職位和高薪酬，常常會因為薪資太低就不努力工作，只是混日子，結果將自己的大好青春白白浪費掉。

對於大多數年輕人來說，只要是能讓你得到成長的工作，即使短期內看不到收益，也應該認認真真地去做，因為在網路時代，你所做的每

一件事都在為你的個人品牌賦能。從長期來看，良好的個人品牌和口碑給你帶來的回報遠遠大於你現在的薪資。

用生活方式進行社交

通常，個人的社交網路大多是由同學、同事、同鄉所構成的，物以類聚，人以群分，和你經常在一起的，基本都是和你差不多的人。長此以往，你就會被固化在某個圈子裡，眼界受限，發展空間越來越窄。

其實你還可以透過業餘愛好進行社交，如在體育、攝影、紅酒、美食、花鳥魚蟲等愛好者群體中結交形形色色的朋友，為你的生活增添更多的色彩，從而開闊眼界，讓精神生活更加飽滿豐富。

追求生活中的「小確幸」

與達到人生巔峰相比，生活中不斷出現的「小確幸」其實對我們的生活影響也很大。任何快樂的體驗都是短暫的，與其追求虛無縹緲的大幸福，不如讓那些小小的、確定的幸福經常發生，比如，偶爾和家人吃一次特色大餐，跟愛人看一場精彩的電影，買一束鮮花，嘗試一次從未有過的體驗等等。

享受變化

抗拒變化是人的本能，可生活中唯一不變的就是變化。與其逃避、抗拒，不如主動去適應它、享受它，新的挑戰往往會帶來新的機遇和新的開始。

　　總而言之，經歷過什麼比擁有什麼更能決定一個人未來的生活品質。少一點物質占有，多一些精神體驗，這種減法思維能夠讓你在新時代獲得更多的幸福感。

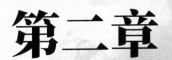

第二章

作為心智脂肪儲備起來的知識並無用處，只有變成了心智肌肉才有用。

—— 史賓賽

長跑思維：
硬技能讓你走得更快，軟技能讓你走得更遠

文組生和理組生，他們的未來之路如何？

在高中時期就開始分文組、理組了，到了大學階段雖然學科分得更細，但總體來說還可以分成文組和理組兩大類。這兩次選擇對人的一生都有著相當深遠的影響，一旦選定，這輩子你都摘不掉「文組生」或者「理組生」的帽子。

選擇理組的學生，一個重要原因是，人們普遍認為「文史哲」都是些虛有其表的東西，學了也用不上，不好找工作，而選擇理工科可以掌握實實在在的技能，是真本事、硬功夫。有了一技之長，就等於有了安身立命的資本，正所謂「學好數理化，走遍天下都不怕」。

統計資料也支持這個觀點。紐約聯邦儲備銀行 2022 年 2 月對美國大學生畢業 5 年內各專業薪資做過一項調查，計算機專業最高，年薪中位數是 74,000 美元。緊隨其後的也都是一些實用性很強的理工類專業或者商科，比如化學工程、航空航天、電氣工程等。在這份榜單當中，像文史哲、外語和心理學等人文類學科的畢業生，薪資排名大多是倒數，年薪中位數只有三四萬美元。

從畢業後前幾年的情況來看，理組生的確占盡優勢，但文組生也不用失望，理組生們的優勢並不會一直持續下去。如果把觀測資料的時間尺度拉長，劇情就開始反轉了。

　　把觀測時長從畢業後 5 年延長至畢業後 10 年～ 20 年來看，排在第一位的還是電腦科系，平均年薪 11 萬美元，但跟畢業後 5 年的資訊不同的是，學哲學和政治學的學生平均年薪也有 8 萬多美元，分別排在第三位和第四位。也就是說，在這個階段，文組生和理組生的差距縮小了，雖然看上去還不是那麼明顯。如果把時間尺度進一步延長，調查一生當中的總收入情況，那麼排在第一位的就變成了政治學畢業生，人均總收入為 481 萬美元；排在第二位的是歷史科系的學生，人均總收入為 375 萬美元；哲學科系的學生收入排第四，人均總收入為 346 萬美元。這些數據顯示，文組生雖然起薪不高，但往往低開高走，時間越長後勁越足。

　　為什麼會出現這種現象呢？研究人員發現，文組生的逆襲靠的不是死記硬背的能力，而是思想的高度。與理組生相比，他們的大局觀和歷史觀更強，批判性思維、洞察力、同理心等解決複雜問題的能力更強，有人把這些能力統稱為「自由技藝」，也就是我們平時常說的「軟技能」。

　　什麼是「自由技藝」？

　　在一所大學的人類學課堂上，老師剪下了手上的一片指甲傳給學生們看，學生們都覺得這也太不衛生了。老師說，指甲還長在我手上的時候你們沒覺得不衛生，但剪下來你們就覺得不衛生，這說明我們在評判一個事物的時候，不能只是孤立地看這個事物本身，而是要將它和所處的環境、場景結合起來。學習人類學也是一樣，要學會在不同的文化背景下去研究事物。這就是一個看待複雜世界的角度，是一種很高級的思維方式。

「硬技能」可以幫你解決一個具體的技術問題，而「軟技能」則可以幫你解決抽象的複雜問題；硬技能讓你走得更快，而軟技能會讓你走得更遠。

工作時間越久，我就越有這種感受，我以前學的就是電腦專業，是那種典型的理工男，不修邊幅，也很宅，一畢業就做了工程師，頭幾年的收入比一般的文組生高出不少。但工作幾年之後我就發現，除了極少數的技術大牛之外，普通人光靠專業技能在事業上是很難有大作為的，你還得具備管理能力、行銷能力、調研能力、跨部門溝通合作能力，職位高一點的還需要有制定策略的能力，等等，否則你就會是職場上的工具人。後來隨著職位的不斷升遷，我又發現那些高層管理者、投資人、創始人很多都不是技術出身，但他們軟技能是真的過硬。

2013 年 12 月躋身世界富翁排名第十的投資家卡爾·伊坎，據說發條推特就能影響各大 IT 公司的股價，早年他也在普林斯頓大學主修哲學。用卡爾·伊坎的話說，哲學的一個智慧，就是看你在外部條件不充分的情況下能不能作出自己的判斷，在自我矛盾的時候是不是還可以保持正常行事的能力。

除此之外，在花團錦簇的網路圈子裡，很多作出成績的人也都具有「自由技藝」的功底。比如，比爾蓋茲大學主修法律；祖克柏主修過心理學；就連賈伯斯在演講中也說過：「如果我不學書法，就不會有今天的蘋果。」

總之，「自由技藝」是管理者的必修課。

人生不是一場短跑，而是一場漫長的馬拉松。在未來「長跑式」的職場競爭中，文組生以及掌握了「軟技能」的理組生會更有優勢。著名的未來學家和趨勢專家丹尼爾·平克曾說：「我們正處在從左腦時代過

渡到右腦時代的轉捩點上。」這話是什麼意思呢？有點生理常識的人都知道，人的左腦主要負責邏輯推理、記憶和計算能力，但從當今世界科技發展的速度來看，用不了多久，人工智慧在這些方面就會全面超越人類，人工智慧很可能會作為肢體的延伸，在相當程度上代替左腦的工作；負責想像、善於創造、擅長影像化思維的右腦卻是人工智慧無法替代的，而右腦是發揮「自由技藝」的「主力軍」。

有資料顯示，2012 年至 2016 年，美國總共創造了 1,010 萬個新工作職位，其中和網路以及電腦技術等科技領域相關的不超過 10%，剩下的基本都是跟人打交道的，與「文組」密切相關的職位，比如教育、諮詢、服務，以及娛樂業。

最後我想強調的是，以上觀點並不是說未來理組生就一定不如文組生，但理組生若不想一輩子淪為「工具人」，或者到了中年就被社會淘汰，那就不能只學「數理化」，還得拓充一些「文史哲」領域的東西；不僅要有硬知識，還要有軟技能。當然，這對於那些具有強大邏輯思維能力的理組生來說，並不是什麼困難的事情。

倖存思維：

普通人最容易踩的坑，是成功者的光環效應

我發現一個現象，在社交平臺上，只要社會上知名的公眾人物或者成功人士說了什麼、做了什麼，甚至只是一個微小的常規動作，後面都會有一大堆自媒體作品對其進行解讀和評論，而且最後還總是能給出一些值得普通人學習的行為模式和經驗智慧。

想要進步、成長、取得成就，確實需要學習別人的成功經驗，但我們要知道，沒有一個人的成功是可以複製的，因為每個人所走的路都不一樣，別人的成功經驗可以借鑑和參考，但他們所說的話、所做的事不能盲目地往自己身上搬，如果不仔細思考和分辨，往往會陷入「倖存者偏見」。

什麼是「倖存者偏見」？我們如何才能有效地避免這種偏見？

在解釋這個概念之前，我們先來看一個歷史上真實發生過的故事。

第二次世界大戰期間，美國軍方打算給戰鬥機加強防護，從而降低被炮火擊落的機率，於是他們請來了哥倫比亞大學的統計學專家沃爾德教授，希望他能給出一些建議。沃爾德教授檢查了一下從戰場上飛回來的戰鬥機，發現這些飛機普遍都是翅膀的位置中彈最多，而機艙和機尾的部位中彈很少。依照當時的航空技術，為了避免戰鬥機過重，只能給部分位置加強防護，那問題來了，應該加強哪個位置呢？

當時美軍的作戰指揮官認為，既然機翼的位置傷痕最多，那當然應該加強這一部分。

沃爾德教授說不對，你們有沒有想過，為什麼所有飛回來的戰鬥機都是機翼的位置中彈最多呢？難道敵人只會瞄準這個地方打嗎？不是的。唯一的可能就是，那些機艙和機尾部位中彈的戰鬥機都沒飛回來，所以沃爾德教授認為必須對機艙和機尾的位置加強防護。

後來事實證明這個決策是對的，給機艙和機尾的位置加強防護之後，盟軍戰鬥機被擊落的比率明顯降低。戰後英國軍方收集了一些被擊落的美軍戰機殘骸，經檢查發現，中彈最多的部位主要都集中在座艙和尾部發動機的位置。由此可見，看不見的傷痕往往是最致命的。

在這個案例當中，作戰指揮官認為，應該對中彈最多的地方加強防護，他所犯的錯誤就是一種「倖存者偏見」。

所謂「倖存者偏見」，意思就是當我們在研究問題的時候，不要總是看倖存者是怎麼活下來的，還要看陣亡的人是為何死去的。如果你去採訪那些倖存者，問他們是怎樣倖存下來的，他們會帶有一種主觀偏見，因為他們並沒有經歷那些足以讓他們致命的麻煩。也就是說，我們能看到的往往是經過某種篩選的結果，並沒有意識到在篩選的過程中所忽略的一些關鍵資訊。

很多取得成功的人也是這樣，他們自身所感知到的那些使他們成功的原因，如他們的努力勤奮、聰明智慧、策略戰術、經驗技巧等因素，或許確實起了不小的作用，但最後起決定性作用的因素可能只是他們趕上了好時機，做了順應時代趨勢的事情而已。就好比 10 個人違章過馬路，一輛車過來把 9 個人都撞倒了，另外一個人因為蹲下繫鞋帶而躲過了這次事故，事後他告訴別人違章過馬路是沒有危險的……

那如何才能避免「倖存者偏見」呢？

向失敗者學習

我們不僅要學習成功者的經驗，還要總結失敗者的教訓。查理・蒙格有句名言：「如果我知道我會死在哪裡，那我將永遠不去那個地方。」馬雲也不止一次地在公開場合中講過：「我創業十幾年以來有一個很深的感悟，就是永遠去思考別人是怎麼失敗的。」當然，這些言論也可能是另一種「倖存者偏見」，是對還是錯還要由你自己來判斷。

向失敗者學習的本質，是思考沉默數據的存在價值，讓「死人」開口告訴你到底發生了什麼。聰明人從自己的失敗中學習，而有智慧的人從別人的失敗中學習。向反對者學習。

假設你的公司做了一款新產品，想要對這個產品做一次客戶滿意度調查，有的客戶或許會給你一些改進的建議，比如這裡加個功能、那裡做一下調整，但其實這些使用者都是你產品的「倖存者」，覺得你的產品還不錯，願意繼續用下去，才會給你提意見。而真正覺得你產品很爛的人也許用了一次之後就不會再用了，相比之下，這些人的建議才更有價值，因為你最需要知道的是不繼續使用者為何不用了，找到其原因，改進後將使這些人也成為你產品的使用者。當你知道了走的人為什麼會走，而不是留下來的人為什麼會留下的原因後，你才會成功。

培養機率思維

所謂機率思維，就是判斷一件事靠不可靠，不是看有多少人在這件事上獲得了成功，而是看成功的機率有多少。一隻壞了的表一天也能準時兩次，人往往容易忽略那些失敗的案例。

　　網路上有個故事充分說明了這個道理：以前有個江湖郎中，號稱有祖傳祕方，能決定生男生女，如果見效的話收費 2,000 元，不靈不要錢。於是就有很多想生男孩的夫婦來找他。結果呢，那些生了女孩的人發現這人是個騙子，就沒給錢，之後也不再來找他了。而那些真生了男孩的人就會認為他的方子果然很靈驗，還給他送了錦旗表示感謝。按照機率，如果找他買藥的人有一半生了男孩，這個郎中在江湖上行騙幾年，也能收穫不少錦旗。而後來那些只憑這些錦旗就相信他的人，就是犯了「倖存者偏見」的錯誤。

直覺思維：

小決定靠大腦，大決定聽內心，正確的決定常出自心靈和直覺

佛洛伊德說：「當你做小決定的時候，應當依靠你的大腦，把得失利弊都羅列出來，然後透過理性分析作出正確的決策；而當你做大決定的時候，比如像尋找終身伴侶或者人生理想之類的，你就應該依靠你的潛意識，因為這麼重要的決定必須是從你心靈的深處發出的。」

貝佐斯說：「我在商業和生活中作出的最好的決定，都是靠心、直覺和勇氣作出的。」

賈伯斯也曾說：「你的時間有限，所以不要為別人而活；不要被教條所限制，不要活在別人的觀念裡；不要讓別人的意見左右自己內心的聲音。最重要的是，勇敢地去追隨自己的心靈和直覺，只有自己的心靈和直覺才是你的真實想法，其他一切都是次要的。」

這三段話基本上是一個意思，就是在作重要決策的時候，要遵從自己的內心，而不要在意別人會怎麼看、怎麼說、怎麼做。

在很多人的眼裡，不結婚是錯，不生小孩是錯，剖腹產是錯，老少配是錯，有錢是錯，沒錢更是錯……自己的人生，非要別人來指手畫腳才算走上了正道。

我相信大家或多或少都能對這句話感同身受，生活中總會有一些所謂「關心」你的人跳出來告訴你怎麼做才是對的，情辭之懇切，言語之

中肯，就好像你不按他說的辦，人生就要毀掉了一樣。當然，有的人或許並沒有惡意，確實是發自內心地希望你好，有些建設性的意見也是值得參考的，但你最終作決定的時候，還得聽從自己的內心。

人生最大的悲哀，不是作出了錯誤的決定，而是本來可以作出正確的選擇；人生最大的失敗，不是沒有取得事業上的成功，不是沒有收穫美滿的婚姻，也不是沒有累積鉅額的財富，而是沒有一個自己說了算的人生。幾十年以後，當你老了，回顧過往經歷的時候，發現自己這一生真正辜負的人恰恰是自己，那可就太遺憾了。

根據行為模式的不同，我們可以把人分成兩種：一種是使用外部評價體系的人，他們透過別人的評價來認識自己是誰；另一種是使用內部評價體系的人，他們自己知道自己是誰。

使用外部評價體系的人特別在乎別人的評價，以至於他們在做事情的時候，最先考慮的都是別人會怎麼看、怎麼說、怎麼想，從而忽略了自己的感受；他們的動力，大多來自外界的認可，作決策往往也是由外部動機所驅動的。

關於外部動機驅動，心理學上有一個著名的故事：

一群孩子在一位老奶奶的家門前打鬧，吵得老人難以忍受，於是老人想了個辦法，給了每個孩子25美分，說：「你們讓我這裡變得很熱鬧，我覺得自己也年輕了不少，這點錢給你們買糖吃，謝謝你們讓我不孤單。」

孩子們很高興，第二天又來了，一如既往地玩耍打鬧。老人再出來，給了每個孩子15美分，並解釋說，自己目前沒有收入，今天只能少給一點了。

15美分也還可以吧，孩子仍然高興地走了。

第三天，老人只給了每個孩子 5 美分。孩子們勃然大怒：「一天才 5 美分，你知不知道我們有多辛苦！」他們向老人發誓，以後再也不會來這裡玩了。

在這個故事裡，最初驅動孩子們玩耍的是他們的內部動機，單純是為了開心。這位老人透過給孩子們發錢，成功地把他們的內部動機變成了外部動機，也就是為了謀取錢財，而錢財又掌握在老人的手中，所以就等於老人控制了孩子們的行為，最終達到了趕走他們的目的。

由此我們可以知道，如果不是出於內在的動機去做事情，是不會長久的。

而使用內部評價體系的人，對別人的評價往往不太在乎，他們做事情的動力，是自己的內心；他們在作決定的時候，特別尊重自己的感受，是由內部動機所驅動的。

我們再來看一下貝恩公司前執行長湯姆·蒂爾尼的故事。

蒂爾尼小的時候，他的父親經常對他說，別人的看法對你來說並不重要，重要的是你自己是什麼樣的人。因此，蒂爾尼從小到大一直堅守的人生信條就是，遵從內心的聲音，明白什麼是自己最想要的，並堅持走自己的路。

蒂爾尼曾帶領貝恩公司取得了巨大的商業成功，可正當他的職業生涯達到巔峰的時候，他卻突然選擇辭職，並開創了一家小型非營利機構，主要業務是為慈善基金會提供諮詢服務，以幫助慈善機構創造最大的社會價值。蒂爾尼就像打了雞血一樣投入慈善事業當中，絲毫不在意微薄的報酬，身邊的朋友也完全無法理解他的行為，但對蒂爾尼來說，這正是遵從了自己內心的選擇。在他的帶領下，這家公司為慈善事業作出了巨大的貢獻，甚至連比爾蓋茲的基金會都加入了進來。

　　蒂爾尼可謂功德無量，跟之前的工作相比，這份工作創造了更大的社會價值。

　　巴菲特最受益的教誨，是他的父親曾經一再對他說：「尊重你的感覺，你的感覺越是別具一格，別人越喜歡對你說三道四，這時候你需要的，就是繼續尊重你的感覺。」正是因為有這樣的教導，巴菲特才能做到「別人貪婪的時候我恐懼，別人恐懼的時候我貪婪」。

　　使用內部評價體系的人在做事情的時候是受動力驅使的，而使用外部評價體系的人則是被壓力推著走的。正如心靈健康專家羅伊‧馬丁納所說，「我生命中最大的突破之一，就是我不再為別人對我的看法而感到擔憂。此後，我真的能自由地去做我認為對自己最好的事。只有當我們不再需要外界認可的時候，才會變得自由」。

運氣思維：

除了努力，還有哪些方法能讓你越來越幸運

　　一個人的命運到底是由什麼決定的？是運氣的成分多一些，還是自身的努力占比更多一些呢？

　　這是一個很難回答卻又有點玄學意味的問題。然而現實生活中，我們每個人都在用各自的人生態度和行為方式來選擇自己認為對的答案。有志青年大多都不認命，相信只要努力就能改變命運，像「越努力，越幸運」「所謂幸運不過是努力的另一個名字」「你的努力程度還輪不到拚天賦的地步」等都是特別勵志的自我驅動的話語。

　　在當今社會，只要你肯吃苦，生活大機率就不會太差。可是如果你要想獲得大一點的成就，只靠個人努力和辛苦勤奮是遠遠不夠的，還需要運氣。

　　康乃爾大學的經濟學教授羅伯特・弗蘭克經過多年的研究，寫了一本書，叫做《成功與運氣》。他在書中講道，「運氣」更能影響一個人的命運。書中有一段話是這麼說的：如果你認為那些取得成功的人靠的是自身的天賦和努力，並在關鍵時刻能透過理性作出最佳決策，那就錯了。相對於自身的行為，成功更依賴於運氣，越是在現代社會，就越是如此。運氣會在一個人的身上產生放大效應，對於天賦以及努力程度都差不多的兩個人，如果運氣相差 5%，那麼在多年之後，他們之間的成就差距可能會因此放大 100 倍，達到 500%。因為人類的生存環境是一個非常複雜的系統，它的發展變化也是非線性的，剛開始的時候哪怕只

有一點點的優勢，最後的結果可能會相差很多很多倍。

弗蘭克教授舉了一個電影《教父》主要演員之一艾爾·帕西諾（Al Pacino）的例子。帕西諾主演過很多部優秀作品，在觀眾心目中，他是一個偉大的演員。可許多人不知道的是，帕西諾的成名源於一個非常偶然的機會。在出演《教父》這部電影之前，帕西諾充其量不過是個三流演員，製片方本來已經初步確定了幾個候選人，可恰巧這幾個人當時全都不在檔期，於是就把找演員的工作交給了導演。而導演不顧眾人反對，硬要找一個新人來出演這個角色，帕西諾剛好特別合適。在《教父》的原定拍攝計劃中，他所扮演的角色並不是那麼重要，可偏偏趕上導演要加戲，讓他幾乎成了整個影片的主演。這樣的機會，想必沒有幾個新人敢奢望，要不是《教父》這部電影，恐怕我們不會知道艾爾·帕西諾的存在。不過我們也不能忽視艾爾·帕西諾的努力，如果他不夠努力，就算機會擺在他面前，他也抓不住。我們再來看一下另一個幸運兒 —— 比爾蓋茲。蓋茲的出身、背景、天賦以及努力程度都是毋庸置疑的，可如果他不是出生在 1950 年代，就不會趕上美國個人電腦開始普及的視窗期，如果沒有時代賦予的機會，很難說蓋茲還能否成為世界首富。

為了驗證運氣在人的一生中所造成的作用，《成功與運氣》的作者弗蘭克教授曾做過一個模擬實驗，他用電腦演算法設定了一套比賽規則，讓天賦和努力的因素占決定勝負的 95％，讓運氣的因素只占 5％。實驗的結果是，只要比賽次數足夠多，那就一定是運氣好的一方獲勝。

「機會總是垂青於有準備的頭腦」，這話說得沒錯，但是在這個世界上，「有準備的頭腦」實在太多了，關鍵時刻運氣就成為成功不可或缺的因素。既然運氣這麼重要，而我們的出身和天賦又不能改變，那還有沒有其他辦法能夠讓自己的運氣更好一點呢？

答案是有的。

要想擁有好運氣，你至少要做到以下兩點。

你得相信自己是一個幸運的人

我想你一定聞到了一股濃濃的雞湯的味道，其實還真不是雞湯。挪威有一家研究機構對運氣這件事進行了多年的研究，他們發現一個人認為自己幸運或者是不幸，是真的能對大腦的思考方式產生影響的。

英國心理學教授查德‧惠思曼做過這樣一個實驗，他找來一群志工，給每個人發了一份相同的報紙，讓他們統計一下報紙上一共有多少張圖片，答對的人會有獎品。其實這個實驗的正確答案已經在這份報紙的某個版面上用一個很大的標題公布出來了，這個標題是這麼寫的：「不用數了，這份報紙一共有××張圖片，快去找實驗人員領獎去吧。」實驗結果顯示，能發現這個答案的人，都是自認為運氣好的人。

經過進一步的研究和大量的重複實驗之後，惠思曼教授得出的結論是：那些認為自己是幸運的人更能發現新的機會，具有更高的效率，制定計劃的能力和執行力也更強；那些認為自己不幸的人則相反，他們會在工作和生活中遭遇更多的不幸，從而陷入無休止的惡性循環當中。

2009 年，洛杉磯大學管理學院教授馬雅‧楊針對 185 個大學生做了一項調查，在對每個學生的運氣觀和行為方式進行對比之後發現：那些認為自己天生就運氣好的人，普遍更願意接受有挑戰性的工作，並且更能在長期而又艱鉅的任務中堅持下來。這個道理有點類似於心理學中的「自我實現的預言」，在潛意識裡，你認為自己會成為什麼樣的人，你最終很有可能就會真的成為那樣的人。

也許有人會說了，假如一個人真的遭遇了很多不幸，還固執地認為自己是幸運的，這不是典型的阿Q精神嗎？

其實很多人對「運氣」這件事有一個錯誤的認知，認為判定一個人是不是幸運，取決於他經歷了什麼。其實並不是，一個人是幸運還是不幸和他經歷了什麼是兩回事，個人的經歷和發生的事實是一種客觀存在，而認為自己幸運還是不幸是一種人生態度。事實無法改變，但態度可以改變。

1995年，一位35歲的以色列婦女在一年之內遭遇了兩次汽車炸彈的襲擊，兩次都因為受傷而進了醫院，但最終還是活了下來。你說她是幸運還是不幸呢？不同的人或許就會有不同的答案。

需要特別注意的是，這個觀點並不是有些成功學所倡導的「吸引力法則」。「吸引力法則」是講，如果你想得到某樣東西，只要經常幻想你已經得到它之後的狀態，或者把目標貼在牆上，然後每天對著鏡子大喊「你是最棒的」，久而久之，你的意念就真的能把你想要的那個東西給吸引過來。但是，這套理論已經被加州大學的研究者們證明是錯誤的了，所以請不要相信這一套。在成功的時候保持謙卑的態度。

不僅在平淡的日子裡或者處於人生谷底的時候你要有一個樂觀的心態，在你偶爾取得成功之後，你也要知道自己的成功在相當程度上是因為運氣，而不是全憑自己的天賦和努力。有的人在取得成功之後，記憶中全是自己如何吃苦、付出代價的場景和畫面，往往會不自覺地將成功的主要原因歸功於自己的努力，從而忽略了運氣和一些偶然因素所造成的作用。

在弗蘭克教授的另一個實驗當中，他找了許多成功人士作為受試者。根據成功的原因的不同，把他們分為兩類人，一類人將成功的主要

原因歸結為運氣，而另一類人則認為成功是自己努力的結果。實驗結果顯示，當人們選擇朋友或者合作夥伴的時候，「運氣組」也就是把成功的主要原因歸結為運氣的人，普遍更受歡迎。

在當今社會，只靠自己的天賦和努力是很難取得成功的，必須和其他人合作才行，如果一個人更傾向於把功勞歸結為運氣而不是自己的時候，往往會得到更多的合作機會。說得更直白一點，在成功面前，保持謙卑和感恩的心，會讓你更加幸運，否則就容易招來禍患。這和《道德經》裡老子所講的「富貴而驕，自遺其咎」是一樣的道理。

弗蘭克給成功者的建議是，不要獨自享用所有的好處，留出一些用於回報社會是比較明智的選擇。

但我們需要知道，無論是樂觀的態度、謙卑感恩的心，還是自身的努力，都只是提升我們被好運氣選中的機率而已。

系統思維：

決定成敗的關鍵並非任何局部優勢，而是整個系統的能力

在每天的生活和工作當中，我們遇到的所有問題大體上可以分為兩種類型。

第一種是看似挺嚴重，實際處理起來卻非常簡單的問題。比如，你不小心受傷了，只要去醫院掛號，然後檢查、治療、休息就好了；房子漏水了，找人修一修就行；女朋友因為一點小事不高興了，就買個禮物哄一哄；等等。總之就是頭痛醫頭、腳痛醫腳，缺什麼就補什麼。這一類問題叫做線性問題，解決線性問題的思維方式叫做線性思維。

第二種是看起來很簡單，可當你真正著手解決的時候卻發現很麻煩的問題，甚至你所看到的只不過是冰山一角而已。比如，有些父母開口閉口都是「別人家的孩子」，他們想要努力讓自家孩子變得更優秀，其實他們更關注的卻是「別人家的家長」；有的人每天都在尋找新的創業風口，以為只要站在風口上，哪怕是頭豬也能飛得起來，可是他們忘了，當風口過去之後，第一個掉下來的也是豬。

無論是培養孩子，還是發展自我，其實都是一個系統問題，簡單的表象下隱藏著相當複雜的深層次問題，解決系統問題絕不能用簡單的線性思維，你必須得有系統思維。

在學習系統思維之前，首先要知道什麼是系統問題

在中國古代，兩國交兵，糧草是頭等大事。漢武帝發兵遠征匈奴，運糧部隊每往前線送 20 車糧食，前線部隊能得到 2 車糧食就不錯了。為什麼？因為這 20 車糧食有 9 車是運糧部隊在去的路上吃的，還有 9 車是回來的路上吃的，所以前線士兵只能得到 2 車糧食。正如《孫子兵法》中所講：「凡用兵之法，馳車千駟，革車千乘，帶甲十萬，千里饋糧。則內外之費，賓客之用，膠漆之材，車甲之奉，日費千金，然後十萬之師舉矣。」

這件事說明一個道理：從表面來看，打勝仗靠的是軍事實力、兵多將廣、計策謀略等，這些條件固然很重要，但都不是最重要的。歸根到底，打仗打的是錢財和糧食，打的是兩個國家的綜合國力，兩國打仗一場是兩個系統的對決。

這個世界上的任何事物，既是獨立的個體，又是某個系統的一部分。當一個問題出現的時候，你首先要明確的是，這個問題到底是一個線性問題，還是一個系統問題。就好像樹葉枯萎了，你得弄清楚是蟲子咬的，還是這棵樹的樹根壞死了。

那我們該怎麼判斷一個問題究竟是線性問題還是系統問題呢？「系統論」學者們認為，一個問題只要出現以下症狀之一，大機率就是個系統問題：

看起來是個小問題，解決它卻需要耗費很多資源；

曾多次試圖解決，卻一直沒有結果；

誰都知道這是個問題，可誰都不解決；

組織內部從上到下，都對這個問題避而不談；

新人總能發現問題，老人卻不屑一顧、一笑了之；

　　問題總是重複發生，就算徹底改革整頓也沒什麼效果。一旦你發現了一個系統問題，該如何解決？

　　關於如何解決一個系統問題，我們要了解三個與「系統」緊密相關的概念，分別是輸入、輸出、庫存，正回饋循環和負回饋循環。任何一個系統都包含這三個要素。

　　先來了解一下輸入、輸出、庫存。系統對某種東西的保有量叫做庫存，輸入使庫存增多，輸出使庫存減少。比如，對於個人財物系統來說，你帳戶裡的錢就是庫存，輸入就是賺錢，讓庫存增加，輸出就是花錢，讓庫存減少；脂肪是身體熱量的庫存，運動可以減少脂肪，是輸出，不健康的飲食使脂肪增加，是輸入。

　　正回饋循環也叫做「自增強循環」，是指當輸入的增加（或減少）會使庫存同樣增加（或減少），而庫存的增加（或減少）反過來又會促進輸入的增加（或減少）時，這種輸與庫存之間相互促進的機制就叫做正回饋循環。比如，收入增加，存款就增加，存款多，利息就多，從而讓收入進一步增加；不運動就會長胖，長胖了就更不想運動，就會導致越來越胖；等等。雖然是正回饋循環，但結果和正負沒有關係，關鍵在於輸入和庫存的變化方向必須是一致的。

　　與「正回饋循環」相對應的是「負回饋循環」。當庫存太多的時候，就增加輸出、減少輸入使庫存降低；如果庫存太少，就增加輸入、減少輸出使庫存增多，目的是讓整個系統的庫存保持在一個相對平衡或者穩定的狀態，這種機制就叫做「負回饋循環」，也叫「平衡循環」。比如，政府向富人多徵稅來增加社會福利；透過限購政策來抑制房價上漲；等等。負回饋循環的作用是不斷地將系統拉回到正常狀態。

　　每個系統都會包含至少一條或正或負的回饋循環，有時還會出現一

條循環包含另一條循環的情況。比如，在「多運動可以減少脂肪」這條負回饋循環裡面，就存在著「越運動就越喜歡運動」的正回饋循環。正回饋循環讓系統不斷成長或者走向衰敗，負回饋循環能使系統保持一種平衡的狀態。幾乎所有的系統問題，都由某一條循環起著主導作用，只有找到這條循環，才是解決問題的關鍵。

1960 年代，羅馬尼亞政府發現本國人口數量成長乏力，為了提高生育率，開始強行停止售賣避孕藥品，並禁止醫院進行墮胎手術，結果導致非法墮胎現象劇增，產婦的死亡率也大幅上升，很多人生下孩子就拋棄，孤兒院人滿為患。這就是一個用簡單手段處理系統問題的典型案例，往往會造成更嚴重的後果。

瑞典也曾有同樣的問題。1930 年，瑞典政府發現，本國人口生育率之所以下降，是因為對很多年輕夫婦而言，養育和照顧孩子是一件很麻煩的事，不僅費時耗力，而且嚴重影響了生活品質。相比之下，新時代的女性更想要追求事業以及豐富多彩的個人生活。為了扭轉這一局面，瑞典政府開始將更多的稅收用在了提高福利上，不僅在教育、醫療等方面制定了有利的政策，還為生育家庭提供生活上的支持，比如在必要時派保母上門服務等。這種透過系統的負回饋循環全方位地創造條件鼓勵生育的做法，最終造成了很不錯的效果。隨著生育家庭越來越多，反過來帶動了更多的家庭生育，這又形成了積極的正回饋循環。

如何建立強大的系統能力

解決系統問題最根本的方法，就是建立一種強大的系統，打造一個良性循環、健康運轉的系統，在這一過程中你需要做到以下兩件事情。

第一，促進積極正面的正回饋循環。

這方面最典型的案例，就是亞馬遜公司的「飛輪效應」。當今世界最大的電子商務公司亞馬遜有三大支柱業務，分別是會員服務、第三方賣家平臺以及雲端遊戲和物流系統。這三大業務，就像三個彼此咬合的齒輪一樣，每個齒輪的轉動都會帶動另外兩個齒輪的轉動，而另外兩個齒輪反過來又會促進這個齒輪的轉動，從而形成一條完整的正回饋循環。第一個齒輪是會員服務。對於使用者來說，如果購買了會員，在亞馬遜購物的時候，不僅優惠多、送貨快，而且買得越多就越划算，會員服務能夠增加商品的銷量。

第二個齒輪是第三方賣家平臺。商品銷量的增加，會吸引更多的賣家入駐亞馬遜的電商平臺，這樣商品的品類也就更加豐富，這反過來又會吸引更多的使用者購買會員服務。

第三個齒輪是雲端遊戲和物流系統。亞馬遜全球物流體系和雲端遊戲的支持，既能降低賣家的管理成本和物流成本，從而提升賣家對平臺的依賴，又能以更短的時間完成配送，提升會員的購物體驗。

這三個飛輪不停地旋轉，最終造就了一個市值超過兆美元的商業帝國。

第二，防止不斷衰敗的負回饋循環。

一個系統之所以會衰敗，問題大多出現在系統的負回饋循環上。

相信你一定見過或者經歷過這樣的情況，在新學期剛開始的時候，班上幾乎所有的學生都是學霸，但不出一個月，一半人都變成了學渣；一本書的前面幾頁都快被翻爛了，可後面還和新的一樣；下定決心好好健身，於是辦了健身卡，第一週每天都去，之後就再也沒去過了。這個逐漸放棄的過程，就是系統衰敗的過程。

當你想要透過一些努力來讓自身的系統保持平衡的時候，好像總是

很難堅持下來，一個重要原因就是我們對意外狀況的容忍度太差。對於一件需要長期堅持才能做好的事情，一定會有意外狀況發生，包括「好的意外」和「壞的意外」。人的大腦有一種偏見，對「好的意外」往往容易忽略，對「壞的意外」卻印象深刻。比如你計劃每天跑步 5 公里，

　　如果有一天跑了 10 公里，你並不會太在意，可一旦有一天沒跑，你就會記得很清楚。隨著意外的次數不斷增多，你記住的都是自己表現不好的那一面，使得你對自己的評價總是比實際表現要差一些。久而久之，你就會認為自己其實配不上那麼高的標準，然後就開始不自覺地降低目標，直到最終放棄。

　　既然人的記憶對壞消息更加敏感，那就要在執行的過程當中多記錄好資訊和正面的資訊，缺乏自信的時候拿出來看看，加深對好資訊的印象，經常給自己補充一點「正能量」，從而防止不斷衰減的負回饋循環，這樣你就更容易堅持下去了。

順勢思維：

盡力而為不如順勢而為，事與願違之後有更好的安排

曾經看過一段話是這麼說的：「越忙的時候，越應該停下來，從千頭萬緒中找到重點去做；越焦慮的時候，越應該閒下來，從繁雜的內心中尋找平靜然後輕裝上路；越愛一個人的時候，越應該淡下來，從濃烈的盲目中找到彼此接受的方式去愛；越恨一個人的時候，越應該寬下心來，從被囚禁的情緒中掙脫出來並走向屬於自己的未來。」

這幾句話猛一聽像是一碗沒給勺子的雞湯，但如果你仔細品讀，還是有幾分道理的，裡面包含著一種凡事不要過度用力的人生哲學。

對我們每一個人來說，在平淡的生活中積極進取、為實現目標而全力以赴，都是值得提倡的人生態度；可一旦用力過度，無視客觀規律，不僅達不到目的，還會適得其反。

有一位作家去著名景點旅遊，走到一個瀑布附近，正觀賞美景的時候，突然看到有一個人不慎落水，掉進了瀑布下面的積水潭裡。落水者在水中不斷地掙扎，拚盡全力遊向岸邊，但由於瀑布下面水流很急，形成了一個漩渦，不斷將他捲入水潭的中心，由於救援人員沒有及時趕到，幾分鐘後這個人溺水而死。

可就在他死後不到一分鐘的時間，他的屍體就被不斷湧動的水流捲到了岸邊。這位作家在遺憾和惋惜之餘，對這起事件進行了假設性思

考，他想如果這個人在落入水中之後不做任何掙扎，是否能順著水勢被沖到岸邊從而保住性命呢？

所以，無論做任何事情，在盡力而為之前，最好先順勢而為，否則可能就是在做無用功，嚴重的甚至會適得其反。趨吉避凶是人的本能，在潛意識裡，我們總是希望能掌控一切，讓所有事情都朝著自己想要的方向發展。可任何人都不是宇宙的中心，單憑一己之力是不可能跟趨勢抗衡的，注定要發生的事情，你越是阻止，效果反而會越糟糕。與其費力不討好，倒不如順其自然、隨遇而安，或許會有預料之外的收穫。

所謂「順勢而為」，主要包含以下情況。不要強行干預規律及趨勢性事件。

創新行為，可不是僅靠鼓動和號召就能作出來的，特別是革命性、顛覆性的創新，取決於你敢不敢把它放在一個自由競爭的市場環境當中，任由其發展和消亡。

早年 Nokia 手機業務倒閉的時候，芬蘭政府就沒有啟動任何救助計劃，而是讓其自然死亡。能做到這一點是需要勇氣的，因為巔峰時期的 Nokia 為整個芬蘭貢獻了近 4% 的 GDP，以及 25% 的出口總額。對於市場經濟的執行規律，芬蘭政府並沒有強行干預，從短期來看是損失，但從長期來看回報更大。雖然 Nokia 不行了，但從 Nokia 出來的專家和菁英們組建了很多個基於行動網路的高科技公司，在更大程度上盤活了芬蘭的經濟，提高了就業率。

當然，我們只是平民百姓，就算想干預經濟規律也無能為力，但我們可以用這種思維方式來處理自己分內的事，我們管不了政府可以管企業，管不了企業可以管學生，再不濟還可以管自己或者孩子。對於生活

中的一些「小災難」，如果你竭盡所能都無法阻止，那就乾脆放手不管，
讓它自然發生。比如，留不住的人，就隨他去；孩子喜歡運動，就別總
逼他學鋼琴等等。

用積極的態度應對意外和麻煩

1989 年，舊金山發生了 6.9 級的大地震。地震過後，當地的一個碼
頭附近出現了很多鯡魚，並引來了一大群以鯡魚為主食的海獅，因為海
獅太多，船隻很難靠岸，碼頭也無法正常營運。

這個碼頭的管理層始終都沒找到解決問題的辦法，最後不得已只能
順其自然，既然趕不走這些海獅，就讓它們好待著吧。於是他們就做了
很多浮板放在海岸邊的水面上，專門用來讓海獅休息、晒太陽，還建起
了海獅觀賞臺，讓人可以近距離觀賞海獅。

後來，這些海獅吸引了很多遊客，隨著遊客越來越多，碼頭附近逐
漸出現了餐廳、酒吧、購物中心、紀念品商店、酒店等公共服務設施，
碼頭的功能最終被旅遊業取代。這就是舊金山最著名的旅遊勝地 —— 漁
人碼頭。

沒有人喜歡意料之外的麻煩，然而不管你願不願意，意外總是會發
生。尤其是在現今這個快速發展、複雜多變的社會環境中，意外已經不
再是意外，反而是一種常態，生活中長時間不出現意外，那才是一種偶
然。當意外來臨的時候，如果實在無法改變，倒不如嘗試著積極應對，
一件事到底是好事還是壞事，是幸運還是苦難，有的時候並不在於事件
本身，而是取決於你面對它時所採取的態度。

吃虧往往是占便宜的開始

「日本經營之聖」稻盛和夫在商業界可以說是功勳卓著、威名遠颺，在他的一生當中，他不僅創辦了兩家世界財富五百強企業，還救活了一家世界五百強企業。他所創立的第二家企業叫做 KDDI，是日本第二大電信公司。

在 1980 年代，稻盛和夫看準了電信業的機會，創辦了這家公司。當時的通訊工具還都是固定電話，而且整個市場已經被日本國營電信壟斷，稻盛和夫根本拿不到大城市的市場份額，只能到小城市和農村發展業務，這就大幅增加了基礎設施的建設成本。在這種惡劣的條件下，KDDI 的經營業績非常慘淡。

但是，稻盛和夫一直有一個道德信條，也是他的商業信條，那就是「吃虧就是占便宜的開始，危機就是轉機」。

經過反覆思考，他得出一個結論，要想大規模地節省基礎設施建設成本，唯一的辦法就是將通訊工具從有線改成無線，想清楚了這一點，他就開始帶領全公司朝著這個方向發展。當競爭對手還在一心營運固定電話業務的時候，稻盛和夫就進入了無線通訊領域。幾年之後，無線電話業務成為市場主流，KDDI 憑藉已經累積的優勢異軍突起，業務呈井噴式成長，一舉成為世界級的電信公司。

伊森伯格曾經說：「人生小小的不幸，可以幫助我們渡過重大的不幸。」很多時候，吃虧就是占便宜的開始，當危機出現的時候，往往意味著更大的機會，只要鼓起勇氣接納現狀，深入思考，作出積極的回應和改進，扭轉局面也只不過是時間的問題。

你只有跌入從未經歷過的谷底，才能站在從未到達的高峰。

第三章

每個人都是自己的命運建築師。

—— 沙拉斯特

情商思維：

脾氣好、會說話不等於高情商，情商高低取決於四種元能力

在有關個人能力自我管理的話題中，有一個詞經常被提起，就是情商（EQ）。平時，我們經常會聽到一些關於情商的言論，如「某個人智商很高，但情商不高」「情商比智商更重要」等。情商究竟是什麼？要想對情商有一個正確的認知，首先要了解什麼是智商。

智商（IQ），通常是指人的觀察力、記憶力、想像力、創造力、分析判斷能力、應變能力、推理能力等。簡單地說，智商就是一個人理解規律、運用規律的能力。智商的高低一部分取決於先天因素，但在更大程度上取決於後天的培養和訓練。

情商和智商並不是相互獨立的，情商是智商的一部分，是智商在情緒方面的展現。情商的高低主要取決於兩個方面：一是智商的高低，智商不高，情商也不會高；二是是否注重把智商用在個人情緒的管理和訓練上。

對「情商」以及「情緒管理」最大的誤解是認為一個人只要不隨便發脾氣，會說話，處事圓滑，懂得人情世故就是情緒管理得好，就是情商高。這使得現實生活中有許多一門心思做事的創業者或者科學研究人員，像賈伯斯、馬斯克這些人，因為人際關係處理得不好而被大眾認定

為「情商低」；其實他們並不是真的情商低，而是他們更傾向於把智力資源放在業務上，而不是用來維護人際關係。

真正的高情商，主要展現在四個方面，分別是同理心、自我控制、自我激勵、人際關係。這四種能力都屬於人的「元能力」，之所以稱為「元能力」，是因為很多能力都是從這四種能力衍化而來的。雖然智商的高低決定了情商的天花板，但大多數人在情緒管理上的表現，還遠遠達不到拚智商的程度。所以，要想提高情商，首先要提升這四種能力。

同理心：站在別人的角度考慮問題

同理心是一種「共情」能力，表示一個人深刻理解別人的處境和感受，從而站在對方的角度思考問題的能力。亨利‧福特曾經說：「成功的祕訣就是把別人的鞋穿在自己腳上的能力。」比如，當你設計一款產品的時候，你能否從用戶的真實需求和使用場景出發，而不是根據自己的需要或想像來定義產品的功能；當你演講的時候，你能否從聽眾的角度思考和設計演講稿，沿著「聽」的邏輯去「講」等等。

在職場當中，同理心能促進合作，讓你贏得上級和同事的信任。比如，主動跟主管彙報工作進度、向上級徵求意見之前先準備好幾個備選方案……這些優秀的職場素質都是有同理心的表現。

培養同理心的方法很簡單，就是遇到事情的時候多想一步，盡可能做到設身處地、感同身受，事後多做總結和覆盤，久而久之，同理心就會成為你的習慣和本能。很多人之所以缺乏同理心，不是因為壞，而是因為懶，不做深入的思考和反省。

自我控制：自律，才是最大的自由

1970 年代，史丹佛大學心理學家沃爾特・米歇爾博士做過一個著名的「棉花糖實驗」。

實驗人員找來數百個小孩子，讓他們待在一個房間裡，給每人發一塊棉花糖，然後對這些孩子說，我要離開房間一會兒，你們手裡的棉花糖可以吃，但如果能等到我回來再吃，就能多吃一塊棉花糖。最終，有三分之一的孩子得到了第二塊棉花糖。

過了很多年，實驗人員對這些孩子進行跟蹤調查，發現那些很快就把棉花糖吃掉的孩子，成年後大多會出現肥胖、酗酒、事業失敗、家庭破裂等問題；那些因為延遲享受而得到了第二塊棉花糖的孩子們，成年後普遍更加自信、獨立、事業有成、家庭和睦。

文藝復興時期的法國作家蒙田曾說：「真正的自由，是在任何時候都能控制自己。」人之所以為人，就在於可以不被慾望和本能控制，而是能夠自我管理、自我控制和自我約束。有調查發現，自控力強的人患心理疾病的機率更低，工作更有效率，更受人信任，也更容易成功。自律使我們與眾不同，自律讓我們活得更高級。

自我激勵：真正的高手，都「自帶雞血」

自我激勵是一種不需要外界的懲罰和獎勵，不需要被別人說服和激勵，就能自動自發、積極主動地為實現目標而奮鬥的狀態，俗稱「自帶雞血」。

無論你想做什麼，都必然會有因為遇到艱難、困苦、糾結、掙扎而走不下去的時候，每到這樣的時刻，你會發現除了你自己，沒有任何人能夠真正地幫到你，渡過難關的唯一方法就是向前再走一步。

格力集團的董明珠曾對她的員工講：「要讓上級哄著才能做事的人，請回到你媽媽身邊去，長大了再來面對這個世界。這個世界的現實太殘忍，你想過得更好，你就要加倍地付出代價，而不是抱怨這個不適合我，那個我不想做。」羅永浩在一次採訪中說：「在我所知道的所有失敗的創業者當中，幾乎沒有人是因為決策失誤或者什麼別的原因而失敗的，全都是因為自己覺得走不下去了，就放棄了。」各個領域的高手們從來都不會依靠任何人，而是會不斷地激勵自己去挑戰自身能力的邊界和極限。

人際關係：永遠不要透支你的情感帳戶

人際關係學大師卡內基說：「一個人事業的成功，只有15%取決於他的專業技能，剩下的85%要依靠人際關係和為人處世的能力。」而經營人際關係的本質，就是不斷地在你的情感帳戶裡「存款」和「取款」的行為。每一次求助於人，都是一次「取款」，而每一次付出和給予，都是一次「存款」。良性的人際關係就是要時刻保證你的情感帳戶裡是有餘額的，而不是無底線地透支。

首先，要養成隨手「存款」的習慣。「存款」未必是一次性地為別人提供很大的幫助，也可以是用心做一件小事，比如過節期間一個簡單的問候，朋友情緒不好的時候說幾句安慰的話，做錯事了主動道個歉，這些都屬於「存款」的行為。

其次，要警惕不必要的「取款」。比如，社群求讚、求轉發、求幫忙砍價、托出國的朋友幫忙代購之類的小事，看似舉手之勞，卻會在無形中支取你的情感帳戶。除非必要，能用錢解決的事就不要動用人情。平時也要允許別人往你的情感帳戶裡存錢，接受別人的幫助，有時反而會促進你們之間的關係。

總之，情商是一個人的內功和軟實力，看似無用，卻總能在關鍵時刻造成決定性作用。無論是人際交往還是個人發展，都是如此。

支點思維：

改變命運的第一步先做什麼？找到支點就實現了一半

　　要想徹底改變命運，第一步該從哪裡下手呢？又或者，當一個十分複雜的難題出現在你面前的時候，先從哪裡切入才好呢？

　　本節內容我們要講一個用最小的代價撬動重大改變的方法。這個方法就是：改變核心習慣，注意不是改變所有的壞習慣，而是改變最核心的壞習慣。

　　什麼是核心習慣？它又能給你帶來什麼影響呢？

　　美鋁公司是全球最大的鋁製品公司，業務範圍遍及世界各地。這家公司的名字你可能沒聽說過，但你一定喝過可口可樂，裝可樂的易開罐就是這家公司做的。早在 1980 年代中期，美鋁公司內部曾出現過嚴重的管理問題，導致利潤大幅降低，很多客戶被競爭對手搶走，對此董事會決定聘請一位新的執行長來改變這個局面。

　　公司請來的新任執行長名字叫保羅‧奧尼爾，也是美國的財政部前部長。奧尼爾走馬上任的第一天，股東們都期待他能拿出一些高明的策略方案來改變公司的糟糕業績，可奧尼爾在他的就職演說中只提到了一件事，就是如何解決工人的安全問題。而對產品服務、成本利潤、合作競爭之類的事情，他隻字不提，甚至連句鼓舞士氣的話都沒說。董事會成員十分不理解：公司已經陷入嚴重的危機中，很多重要的問題都還沒解決，奧尼爾卻在講什麼安全問題。一些股東徹底失望，甚至都開始拋

售公司的股票了。

雖然眾人一致反對，但奧尼爾還是堅定地執行了自己的方案，集中所有力量來完善生產過程中的安全措施。

最終結果如何呢？

幾年之後，這家公司的淨收益上漲了 5 倍，市值達到 270 億美元，重新成為行業的龍頭企業。在高速發展的同時，美鋁公司工傷事故的發生頻率也降到了美國平均水準的 5%，成為世界上最安全的公司之一。

為什麼一項看似與企業經營完全無關的政策，卻能將一個困難重重、岌岌可危的公司轉變為一個利潤和安全雙贏的企業呢？

答案是，奧尼爾改變了一個核心習慣。

美鋁公司在解決安全問題的過程中到底發生了什麼？第一，以前公司每週至少發生一次工傷事故，每次事故都會引起工人的士氣低迷，導致產量下降。當安全問題得到解決之後，工人的工作積極性就比以前高多了。

第二，多數安全事故都是因為工作流程不合理導致的，為了消除安全隱患，不得不改進工作流程，從而在整體上提高了生產效率。

第三，公司以前多次嘗試過改進生產方案，卻總是因為工人的反對而難以執行，有時甚至會引起大規模的工人罷工，但後來當所有政策都是出於對工人的人身安全考慮時，工人們就願意配合，上下級的矛盾得到緩解，提高了全公司的執行力。

第四，為了從根本上消除安全隱患、達到零工傷的目標，管理層需要積極收集來自一線工人的回饋。這樣不僅建立了高效的溝通機制，很多工人還順便提出了一些與安全無關的改進意見，創造了一種好創意爭相湧現的氛圍，層級間的資訊交流也更加順暢。

　　第五，因為公司總部離工廠距離比較遠，員工之間不得不利用內部軟體系統來討論安全問題，從而讓這個系統不斷得到改進和完善。後來，這個系統也經常用於處理其他商業問題，最終形成了一整套企業管理資訊系統，使得公司在資訊化方面比其他競爭對手領先了好幾年。

　　奧尼爾說，我們的時間和資源有限，不可能什麼都做，也不能強迫其他人作出改變，所以我們只能集中力量解決一個核心問題，最終的結果會引起連鎖反應，從而帶動其他問題得以解決。

　　其實無論是人還是企業，總有一些習慣能夠驅動和重塑其他行為模式，這些習慣就是核心習慣。核心習慣是一個開關，一旦啟動，就會像西洋骨牌一樣，最終會改變一切。美國羅德島大學的研究人員表示，對很多人來說，運動就屬於一種能夠引起廣泛變化的核心習慣。研究人員根據 10 年的調查資料發現，運動的習慣對日常生活的各個方面都有著重大的影響，即使每週只運動一次，也會在不知不覺中改變其他行為習慣。比如，有的人因為經常運動而改掉了不良的飲食習慣，有的人睡眠品質更高了，有的人戒掉了煙、酒和信用卡，有的人改掉了壞脾氣，對家人也更有耐心了等等。

　　所以，要想獲得重大改變，你第一步要做的，就是找到並改變一個核心壞習慣。

　　習慣的力量非常強大，從某種程度上來說，它幾乎能決定一個人的命運。習慣一旦養成要想改變特別不容易，更要命的是，一個壞習慣往往會帶來第二個、第三個壞習慣，直到把人逼向絕境；相反，一個好習慣也會帶來更多的好習慣，讓優秀的人越來越優秀。

習慣思維：
簡單到不可能失敗的習慣養成法

　　無論你是打算長期堅持做好一件事，還是想要讓自己在某些方面變得自律，成本最低的辦法，就是把它養成習慣。不知道你有沒有想過，為什麼跑步、早起、讀書這些你經常下決心要堅持下來的事總是半途而廢，卻能毫不費力地做到每天刷牙洗臉？為什麼有些事你總是不想做，而有些事你一天不做就難受呢？

　　答案是，習慣的力量。

　　習慣對一個人的影響有多大，相信你早有耳聞。杜克大學在 2006 年釋出的一份報告裡指出，人在每天所有的行為當中，有 40% 不是出於決定，而是出於習慣。史蒂夫·賈伯斯在他 30 歲生日的邀請函上寫了一句古老的印度諺語：「在人生的前 30 年，你培養習慣；在後 30 年，習慣塑造你！」

　　我們都知道習慣非常重要，但問題是養成習慣並不是一件容易的事，習慣就像一個巨大的生了鏽的鐵輪一樣，剛開始的時候你怎麼推它都紋絲不動，可一旦轉動起來，它就會越轉越快，你想讓它停都停不下來。

　　那我們怎麼才能用更小的代價、相對容易的方法養成一個好習慣，從而推動鐵輪旋轉，撬動人生呢？

　　答案是，微習慣。

「微習慣」這個概念是史蒂芬・蓋斯提出的。史蒂芬・蓋斯原本是一個普通的宅男，他喜歡享樂、貪圖安逸，遊戲一打就到半夜，垃圾食品吃到嘴軟，身體和精神每況愈下。

然而在 2012 年的時候，他從每天堅持做一個伏地挺身開始，逐漸改變了生活狀態，兩年後他幾乎變成了另一個人，不僅擁有了夢想中的體型，而且閱讀量成長了 10 倍，寫文章的數量成長了 4 倍。而這所有的一切都是從一個個微小的改變開始的。

後來他發現，習慣真的是太重要了，於是他開始研究習慣的養成規律和底層邏輯。史蒂芬透過親身經歷，以及對自己做實驗，總結出一套心法——微習慣。當你想要養成一個好習慣的時候，微習慣能將阻力降到最低。

為什麼建立一個好習慣是一件很難的事情？

在平時，我們想要培養一個習慣通常會用到兩種方法：一個是動力策略，一個是意志力策略。

所謂動力策略，就是先給自己畫個餅，確立一個內心嚮往的目標，透過對詩和遠方的憧憬讓自己有動力來堅持行動。比如，一想到自己健美的身材走在街上的時候會吸引無數帥哥美女的目光，那麼每天堅持鍛鍊可能也不是多難的事；一想到自己財務自由之後就可以環遊世界，那加班幹活、學習充電或許就是一種享受。

但是我認為，動力策略的問題在於，它很難擺脫邊際效用遞減規律。也就是說，剛開始你的行動意願可能非常強烈，可每當你取得一些成果的時候，你的行動意願、熱情和動力就會下降一些。比如，有一天當你發現自己的體重已經飆升到 90 公斤的時候，恨不得每天運動 8 小時；而當你堅持鍛鍊了一個月之後，發現體重降了 10 公斤，你就覺得

自己瘦了好多，減肥的意願也就沒那麼強烈了。於是你就又開始大吃大喝，等體重反彈之後，再次下定決心重新減肥，就這麼反反覆覆，沒少努力，卻總是不見效果。所以從長期來看，動力策略並不可靠。

另一種是意志力策略，是用人的意志力來維持某種行動，這種方法也好不到哪去，因為人的意志力是有限的，而且特別容易受到外界環境的影響。比如，正常的時候你能每天堅持讀書一個小時，可是如果有一天出現了夫妻吵架或者工作壓力突然增大等意外的情況，你的意志力就會被消耗殆盡，正在堅持的習慣可能就會中斷。

因此，比動力策略和意志力策略更可靠的方法，就是微習慣。

什麼是微習慣呢？簡單來說就是在習慣養成的過程中，把每一次的行動大幅縮減，縮減到很小很小，小到不可思議、小到忽略不計。比如，把每天做 100 個伏地挺身改成每天只做 1 個；把每天寫 500 字文章的目標改成每天只寫 100 個字；把每天看 10 頁書改成每天只看 1 頁書；把每天畫一幅畫改成每天只畫一筆。也就是要讓每天的目標縮小到不需要動用意志力來維持的程度，但要確保每天一定堅持完成這個最小的目標；當然如果能多做更好。史蒂芬·蓋斯認為，微習慣能夠幫助我們解決在養成習慣的過程中意志力不足的問題。

為什麼微習慣會發揮作用呢？

因為當我們想要培養一個習慣的時候，會受到兩方面的阻力：一是無法開始行動，二是難以堅持下去。

由於微習慣的目標足夠小，我們的潛意識不會懼怕開始行動，而且只要多做一點點就能超額完成任務，也就完全沒有堅持不下去的壓力。人的大腦往往是抗拒改變的，微習慣只需要消耗極小的意志力就可以讓大腦低成本啟動起來，行動一旦開始，身體的螺旋狀激勵機制就會引導

我們完成更多的任務。比如，做伏地挺身最難的一步其實是趴下來的準備動作，做 1 個伏地挺身和做 10 個的準備動作是一樣的，當你做完第一個的時候，再繼續做第二個、第三個就很容易了。再比如，一旦你決定開始下筆寫作，在寫完 100 個字的時候，思緒已經有了，再多寫幾十甚至成百上千個字也是很自然的事。大腦就是這樣一點一點被行動改變，最終形成習慣的。

此外，透過微習慣每天完成一個很小的任務，我們就不會因為自己沒有完成目標而感到愧疚和挫敗，因為你幾乎不可能完不成；相反，我們會因為每天堅持取得的小成就而不斷地養成習慣，不斷地堅持下去，最終實現心中的那個大目標。

總之，微習慣就是從小處著手來撬動重大改變的支點。最後一個問題就是，我們該如何在實踐中應用微習慣呢？我將微習慣在實際生活中的應用分成以下七個步驟。

選擇一個微習慣，制定每天的計畫。比如，每天背一首唐詩，每天做一個伏地挺身，每天讀一頁書，每天背一個英語單字等等。

挖掘每個微習慣的內在價值。要經常思考這個習慣一旦養成，會給你帶來哪些好處，以增加行動的意願。

建立回報機制。比如，每堅持一段時間，就給自己一個小小的獎勵，提升堅持下去的動力。

記錄和追蹤完成的情況。當天任務完成，在日曆上做一個標記，自我監督和實時回饋是一種非常有效的激勵措施。

微量開始，超額完成。行動一旦開始，就要盡可能超額完成。

服從計劃，穩紮穩打，一定不要急功近利。按計劃執行一段時間以後，你可能會覺得每天的任務太容易了，然後將目標上調。其實沒必

要,長期堅持才是最重要的,如果有多餘的時間和精力,只需要反覆執行第 5 步就可以了。

當某件事情你不用思考就會去做的時候,表明你已經養成了習慣。在習慣真正養成之前,不要停止微習慣的計畫。

最後,再強調一下,微習慣最關鍵的地方在於,每天的目標一定要足夠「小」,小到可以忽略不計。如果你一次能做 50 個伏地挺身,那可不可以把每天的目標定得稍微高一點呢,比如 5 個或者 10 個?我的答案是——1 個。因為只有足夠小,才不會讓大腦感受到威脅。

我們經常犯的一個錯誤就是,將正常狀態下所能達到的最小目標當作每天都可以完成的目標,而忽視了人的狀態其實是不穩定的,是會產生劇烈波動的,如果遇到極端情況,就可能因為負面情緒而使計劃中斷,失敗幾次之後你就再也堅持不下去了。所以,建立微習慣,不要擔心每天計劃完成的任務量太少。如果你不知道多少才算合適的話,那就設定一個最小的目標。

精讀思維：

讀書沒收穫，是因為你沒有掌握正確的方法

查理・蒙格有句名言：「我這輩子遇到的來自各行各業的聰明人，沒有不每天讀書的，沒有，一個都沒有。」

關於讀書與不讀書的人到底有多大差別，萬維剛老師說過這樣一段話：

武俠小說常常把武林高手描寫得比坦克還厲害，瞬間秒殺百八十號人，那都不是事；可在真實世界中，即使你武功再高，也不可能同時對付幾十個手拿冷兵器的人。但一個人的智慧和見識卻可以達到以一敵百甚至更高的境界，一個在學識上很厲害的人，他的「內力」之高，你就是上再多俗人也沒用。

的確，身體上的訓練對人體能量的提高非常有限，而讀書卻可以無限提升人的思維境界。總之，讀書的好處很多，任何人都應該盡可能地多讀書，這已經是當今人類世界的普遍共識。

但同樣是讀書，不同的人效果會千差萬別。對於相當一部分人而言，讀書的困惑在於，當時覺得很有收穫，但是在合上書之後，就又把學到的東西還給書本了，等遇到問題的時候，又感覺有些知識好像在哪本書裡看到過，可就是怎麼都想不起來了。長此以往，就會給我們帶來一種感受，就是懂了那麼多道理，也過不好這一生。

其實僅僅是把書讀完，並不意味著你掌握了這本書的要領，即便是

103

腦子記住了一些內容，也不能保證你在遇到實際問題的時候可以靈活運用。學習知識不能只靠單純的理解和記憶，而是要讓知識以某種結構「長」在你的腦子裡。

讀書的高手，都是有自己的一套知識體系的，就如同長在他們大腦中的一棵樹，或者一張結構清晰的知識圖譜，等學習了新知識，就把它放在合適的位置上，用的時候也知道從哪裡提取，而不是零散地堆在腦子裡，這種知識體系就是我們常說的「心智模式」。

比如，普通人通常把魚按照品種分類，而一個有知識體系的漁民會把魚按照巡遊習慣和商業價值分類；真正懂音樂的人聽一首古典音樂要聽很多個不同的版本；一個專業的油漆工可以辨識十幾種不同的白色；對於車禍，一個初級水準的交警看到的只是車禍，而一個有知識體系的交警看到的是一個有起因、有發展、有結果的事故。這就是知識體系的作用。

知識體系能讓你快速、靈活地運用所掌握的知識來應對複雜多變的局面。那我們該如何建立知識體系呢？

要想在閱讀和學習過程中形成知識體系，最有效的方法就是做讀書筆記。這也是很多牛人讀書的一個共同特點：曾國藩讀書有很多講究，其中有一條就是「不動筆，不讀書」；據說錢鍾書家裡基本不藏書，再好的書也是看完就順手送人，但他讀書必做筆記，讀書筆記永遠保留，隨時拿出來用，而且他做筆記的時間，大概是讀這本書時間的一倍；達文西的筆記本雖然雜亂無章，卻是他精妙思想的重要來源，由於他的想法太多，所以筆記根本來不及整理。有專家預測，如果他整理了他的筆記，整個世界的科技可以進步 30 年。

但是請注意，這裡所說的讀書筆記，並不是我們上中學的時候原原本本抄寫老師板書的那種筆記，也不是用「心智圖」總結的知識要點結構圖，真正好的讀書筆記不僅是對知識的記錄，更是對思考、想法、疑問和靈感的記錄。

人的大腦就像電腦的記憶體一樣，容量小、資源稀缺，只能用來做最重要的工作 —— 思考。而筆記就像是電腦的硬碟一樣，負責儲存和記憶，這樣我們需要的時候不用翻書，直接看筆記就可以了，筆記就是大腦的延伸。所以，一份好的讀書筆記，要做到盡可能取代原書的地步，至少要具備以下四點。

清晰地表現每一章的邏輯脈絡

筆記最好和書中的結構保持一致，按章節記錄，並保留書中的標題。每讀完一章，用自己的語言記錄下這一章所講述的主要內容、核心知識點以及邏輯脈絡。

很多人看書只會記住一些結論性的東西，如果僅僅把這些結論單拿出來，不考慮上下文的關聯，每個人都可能有不同的解讀，以至於曲解作者本來的意思，這就是「只見樹木，不見森林」。比如，人們經常引用《論語》中的一句話「父母在，不遠遊」，卻不知道後面其實還跟著一句「遊必有方」。

讓一本書由厚變薄，就要把具體的內容抽象為知識地圖，只有當你跳出書中的具體內容，以居高臨下的姿態俯瞰全書的時候，才能掌握它的整體結構和脈絡。

帶走書中的所有亮點

在 Kindle 上看書的時候，上面會顯示其他讀者做的標記。我發現一個規律，大多數人都是像小學生畫重點句子一樣只在章節的第一句和最後一句做標記。高手們從來不是這種讀法，除了很明顯的重要段落之外，他們還會拿走書中的所有「亮點」。比如，一個能讓人醍醐灌頂的小故事，一段令人拍案叫絕的句式，一語驚醒夢中人的箴言典故等等。分析脈絡的時候要忽略細節，分析完脈絡要把細節中所有能啟發思考的「亮點」全部帶走。

記錄下自己的心得和靈感

喜歡藏書的人認為讓書乾淨最重要，所以他們只買書不看書；初級讀者喜歡在書中畫線；高水準的讀者會在書中寫滿批註。列寧酷愛讀書，他讀書時很喜歡在書頁的空白處隨手寫下內容豐富的評論、註釋和心得體會。每當讀到精闢處，他就批上「非常重要」「機智靈活」「妙不可言」等，讀到謬誤處，就批上「廢話！」「莫名其妙！」。列寧的重要著作《哲學筆記》就是在讀哲學書籍時寫的批註和筆記彙編而成的。

一本好書總是能不斷地激發你的靈感，這些靈感不見得現在就能用上，但靈感往往是很難再現的，非常寶貴，所以你最好馬上記下來，否則很快就會忘記。等若干年之後回過頭來再看，對這些靈感的記錄可能比原書更有價值。

找出並記錄這本書和其他書籍的連繫

沒有任何知識是可以脫離其他知識而獨立存在的，新知識也是建立在已有知識的基礎之上的。當你讀書讀到一定程度，你經常會發現同一

個內容會在不同著作或者不同文章當中出現，很多書彼此之間都有關聯，只不過在表達的方式和角度上有所不同。真正用心讀書的人總是對這些關聯特別敏感，時間長了，就會獲得很多美好的體驗。比如，能夠清楚地感受到人類知識水準的不斷進步；有時候你必須對幾本書的不同結論進行多方評估和權衡，才能得出你認為最可靠的結論；其中最棒的感覺就是，他們說的都不對，只有你才知道正確答案，這時候你該怎麼辦？把你的想法和觀點寫成文章發表出來。

最後，送給你讀書的三個心法。第一，一本好書最好能讀兩遍。

第一遍以最自然的狀態去讀，體驗作者的精妙思想，享受讀書的樂趣；第二遍開始記筆記，讀一章記一章，筆記寫完，這本書就可以送人了。讀第一遍是為了陷進去，第二遍是為了跳出來。

第二，要想有收穫，先要有態度。

也許你覺得這樣讀書會非常累，一點都不享受。其實累與不累取決於你讀書的目的是什麼，如果你只是為了娛樂或者修身養性，那隨便怎麼讀都行；可要想學知識、長本事，那就真得拿出點嚴謹的學習態度，畢竟學習是一件很正經的事。

第三，以我為主，而不是以書為主。

曾經有人說：「世界上值得反覆閱讀的書不超過一百本，大部分的書只要把有用的東西挑出來就可以扔了。那些能讓書籍為我所用的人，才是真正的精神貴族。」

極簡思維：

最完整的「斷捨離」法則，別讓過剩的物品毀了你的生活

很多人的家裡可能都存放著太多沒用的東西，這些多出來的物品不僅沒能提升我們的幸福感，反而占據了我們大量的時間、空間和精力，讓生活變得越發沉重和瑣碎。所以，我每次打掃房間的時候，都要把那些沒用的東西清理一遍。

在你擁有物質的同時，其實它反過來也在擁有你。正如山下英子所說：「不用的東西充滿了咒語般束縛的能量。」要想讓生活清爽有序、保持鮮活，我們就要不斷地回歸生活的本質，只關注自己真正需要的東西，對各種沒用的物品進行斷、捨、離。

「斷捨離」，最早是由日本作家山下英子提出的一個概念：斷，是指不買、不收取任何不需要的東西；

捨，就是要處理掉堆放在家裡的那些沒用的物品；

離，是透過不斷地重複「斷」和「捨」的動作，逐漸改變對物質迷戀的狀態。

「斷捨離」提倡的是一種為生活做減法的原則。學習和實踐斷捨離，可以幫助我們重新審視和物品之間的關係，從關注物質轉變為關注自我。我們可以從扔掉身邊所有「不需要、不適合、不舒適」的東西開始，來弄清楚自己真正想要的是什麼，讓生活變得更加簡潔，從而擁有更多的時間和精力。

那究竟該如何對閒置物品進行「斷捨離」呢？我在實踐之後總結了以下「十大心法」。

首先要戒掉買買買的習慣，也不要收取任何用不著的物品

在決定購買一樣東西之前，你要先問問自己買這個東西究竟是為了滿足自己的新鮮感和虛榮心，還是你真的需要它。寧可在需要的物品上多花錢，也不要因為廉價而購買一堆沒用的東西。另外，對於各種贈送品、試用品和紀念品，如果不是真正需要就不要拿進家裡。

正確認識「自我」與物質的關係

決定一件物品的去留，要以「我」作為判斷的唯一主體，我現在是否需要、是否舒服才是最重要的，而不是物品還有沒有利用價值，扔了是不是可惜，等等。記住物品永遠是為人服務的，只有把「我」作為主體，才能讓你從混亂和無序當中解放出來。如果總是考慮這個東西本身有沒有用、還能不能用，那就是以物品為主體了。

先扔掉再說

「斷捨離」最重要最核心的原則是只留下真正需要的東西。捨棄是一門技術，要在做中學，在學中做，千萬不要等待，你不是靜下心之後才能捨棄，而是捨棄了之後才能靜下心來。

先從那些顯而易見的垃圾開始處理

過了期的食品，壞了的電器，過時的或者不合身的衣服，沒用的紀念品，等等，可以把這些顯而易見的不用、棄置之物作為垃圾處理。

日常囤貨沒有必要

平時真的沒必要囤積太多備用物資，你的家裡不需要庫存，街邊的超市和便利店才是你的庫房，用的時候隨時購買就行。

長時間不用的東西可以處理掉

換季的物品要保留，但如果你一年四季都沒用過，說明你並不需要它，大機率明年照樣用不上，可以果斷處理掉。

儀式感

有些東西雖然沒用了，卻承載著對過去某個重要時刻的回憶，或者有著非凡的紀念意義，如果你想處理掉它們卻又戀戀不捨該怎麼辦呢？我有一個辦法可以幫到你，在處理這件物品之前，你要對它在過去一段時間裡的陪伴和貢獻表示感謝，並祝福它在未來可以過得更好，這樣的儀式感能增強你捨棄的決心。

對物品進行需求分類

有些物品可能暫時還不好確定是否還用得著，你可以把它們先挑出來，集中放在一個顯眼的地方，再給自己點時間重新審視你們之間的關係，相信用不了多久，你就知道該怎麼處置它們了。

這件東西到底該扔還是該留下

如果這個問題讓你反覆思考了 5 次以上，就該果斷扔掉它，因為它已經開始牽扯你的精力，而且這種習慣還會讓你糾結其他東西的去留，長此以往，你將不勝其擾。

扔掉你的收納用品

真正值得擁有的東西其實並不多，那些看起來能為我們節省空間的收納品反而在占據著我們的空間，同時也為囤積更多沒用的物品做好了準備。

也許有人會認為，很多東西明明還有價值，白白扔掉豈不是浪費資源嗎？有這樣的想法的人，沒有把自己和物品放在自然和社會這個大環境中去思考。這些東西雖然還有價值，可如果在你的手中被遺忘，是不能發揮任何作用的，為了讓它們繼續發揮餘熱、創造價值，我們就要像「放生」一樣讓它們重新回歸到自然和社會當中，相信它們可以去到最有需要的地方，繼續完成它們的使命。將這種讓物品獲得自由和新生的行為長期保持下去，你也會培養出一種看待事物積極樂觀的心態。

透過不斷操練「斷捨離」而形成的極簡主義的生活方式，還可以為我們的生活帶來以下四個變化。

時間變多了。你省去了很多購物的時間、翻找東西的時間，以及整理雜物的時間。

擁有更充沛的精力。需要你操心的東西少了，生活以及工作的效率提高了，精力自然也就多了。

作決定更加果斷。當你不斷地操練在猶豫不決中進行取捨，根據自己真實的意願去做決定，久而久之，你就會發現，你優柔寡斷的毛病也被慢慢地治癒了。

內心更加寧靜、平和。當你決定不去占有更多物質的時候，就會更專注於自己的內心，也會更珍惜自己身邊留下的東西。這種寧靜、平和的心理狀態，會為你帶來更多的滿足感、成就感以及幸福感。

凍齡思維：

為何有的人容貌比實際年齡小很多

宙斯在希臘神話中是眾神之首，擁有至高無上的權力，但是這個傢伙特別好色，人間的女子只要願意跟他苟合，他就會答應這個女子一個願望，不管這個願望有多難，都可以幫她實現。

有一天，一個叫西爾比的女人，和宙斯春風一度之後，宙斯問她：「你想要什麼我都可以給你，但只有一次機會。」西爾比想了想，說：「我要永遠不死。」於是宙斯答應了她。

1,000 年以後，宙斯又見到了西爾比，這時候她已經老得不成樣子了，滿臉都是皺紋，身體也萎縮得很小，各種疾病纏身，看起來非常痛苦，她對宙斯說：「求你讓我死了算了。」

宙斯說：「抱歉，你已經沒有第二次提要求的機會了。你不是要永生嗎，我已經給你了，怎麼現在又要死呢？」

西爾比說：「我忘了跟你要永保青春了……」

雖然這只是一個神話故事，卻道出了大多數人的願望：

無論現在奮鬥的目標是什麼，終極的渴望和訴求就是能永遠健康地活著，至少也要活得久一點，只要人還在，一切皆有可能。

可是光活著還不行，如果你不夠年輕，有些事就很難辦，有些福你也享受不了。很多人會把看起來比同齡人更年輕看得比健康長壽還要重要，特別是一些女性朋友，有時候為了彼此多一些了解而問對方一句芳

113

齡幾何，那都算犯了大忌。平時我經常跟女孩子開玩笑，比如，剛見面的時候我會說，才幾天沒見你怎麼胖了這麼多？但是我絕對不敢說，才幾天沒見你怎麼老了這麼多？她們會真往心裡去。相反，如果你帶著一種不可思議的表情，再加上十分肯定的語氣說，「怎麼可能，你看起來可不像四十多歲的，最多也就二十七八歲的樣子……」，那對方可能會十分開心。

有些人就是老得快，有些人就是老得慢，這到底是由什麼決定的？有沒有什麼辦法可以讓我們能老得慢一點呢？

一個人壽命長還是短，長相顯老還是年輕，從生物學的角度來看，是由基因決定的；從醫學的角度來看，會受到當時的醫療水準的影響；從養生學的角度來看，取決於營養是否均衡，飲食作息規不規律，有沒有注意保養，平時做不做運動，心情好不好等等。

這些說法都有一定的道理，但也都有各自的局限性，很難形成一個統一的結論。不過好在現代科學又有了新進展，研究發現除了遺傳基因、醫療、養生等因素之外，心理因素可能對人的壽命以及延緩衰老更能造成決定性作用。

什麼決定了人的衰老

諾貝爾醫學獎得主加州大學舊金山分校的教授伊麗莎白·布萊克本和精神病學教授埃利薩·埃佩爾提出了一個理論 —— 端粒效應，揭示了人衰老的祕密，以及怎樣才能延緩衰老，讓人看起來比同齡人更年輕。

為了讓你能更容易理解端粒效應，我們首先來普及一個生理學常識。

李笑來老師經常說：「7 年，就是一輩子。」這句話是什麼意思？

我們都知道，人體每天都有大量細胞死亡，同時有大量新細胞產生，經過不斷新陳代謝，差不多 7 年時間，人體內所有細胞就會全都換一遍。人還是那個人，但細胞已經不再是那些細胞了，整個人相當於換了一個身體。

如果人體細胞能這樣持續不斷地推陳出新，人就不會衰老。可遺憾的是，細胞再生的次數是有限的，達到一定次數之後，就會停止更新，人體內各種器官的機能就會衰弱，人就會變老。

那又是什麼決定了細胞更新的次數呢？是一種叫做「端粒」的東西。

簡單來說，端粒就是染色體末端的一個 DNA 序列，你可以把人的染色體想像成一根鞋帶，鞋帶兩端的塑膠頭就是端粒。人體細胞每更新一次，端粒就會變短一點，隨著年齡成長，端粒會越來越短。

一個人皮膚的老化程度、白頭髮的數量、骨質密度、心肺功能、大腦機能等，歸根到底都是由端粒的長度決定的。有的人之所以比別人老得慢、壽命長，就是因為他們的端粒比其他人更長，或者變短的速度比別人更慢。

兩位教授帶給我們的好資訊是，端粒變短之後，是可以再次變長的，至少我們有辦法減緩端粒縮短的速度。怎樣才能做到這一點呢？

衰老的速度取決於面對壓力時的反應

加速端粒變短的第一個重要原因就是壓力，生活壓力過大會讓人老得更快。我們在電視上經常看到，那些貪汙受賄的官員，被抓之前都還精神抖擻、紅光滿面，然而在入獄之後，面對鏡頭接受記者採訪的時候，往往會顯得特別憔悴、蒼老，有的甚至頭髮都白了，這都是在短時間內承受了過大壓力導致的。

　　但人不可能完全沒有壓力，沒有壓力就沒有動力，從而變得懶散懈怠，難以進步和成長，所以問題的關鍵不是有沒有壓力，而是人在面對壓力時的反應，你是把它看成威脅，還是把它當作挑戰。

　　研究人員做了一個實驗，他們找來了一些志工，這些人都是長期照顧患病孩子的母親。在測量了她們的端粒長度，並排除了年齡、健康程度等其他因素之後，研究人員發現了一個規律：照顧孩子時間越長的媽媽普遍端粒越短，而那些明顯感受到巨大壓力的媽媽們端粒最短；當然，也有極少數的母親同樣是照顧了孩子很長時間，但端粒變短的現象並不是很明顯。在經過多次實驗、綜合了各種影響因素之後，兩位教授得出了一個結論：對端粒的影響不在於壓力的大小，而在於對壓力的反應。

　　面對壓力，人通常會作出兩種反應：一種是把壓力看成威脅，認為這是一種生活的磨難、人生的不幸；另一種是把壓力當作挑戰，是成長的代價、人生的機會。

　　舉個例子，假設你幾天之後要在很多人面前做一場演講，如果你總是擔心萬一搞砸了在眾人面前出醜怎麼辦，那會導致你的心率加快，腎上腺素激增，一天到晚寢食難安，這種把演講看成威脅的心態就會加速端粒的縮短。這樣的次數多了，人就容易變老。相反，如果你把這場演講當成一個擴大影響力、揚名立萬的好機會，也許你依然會心率加快，腎上腺素飆升，血管中的含氧量上升，全身的資源都被調動了起來，準備好好表現一下，這種積極的態度會延緩端粒縮短的速度。堅持下去，衰老的速度也會變慢。對於大多數人來說，這兩種反應都是存在的，只是占比不同而已，但在時間的加持下，就會有明顯的區別。

　　面對壓力，產生恐懼是人的常態，也是人的本能，那我們該如何變壓力為動力呢？通常當你過於看重事情的結果、害怕失去什麼的時候，

就容易產生壓力；如果你把關注的焦點放在是否有利於自身的成長上面，將會有助於你減輕壓力。

增強對生活的掌控感

想要延年益壽、保持年輕，就要加強對生活的掌控感。

80 多歲的巴菲特說自己每天都是踩著「舞步」去上班的；李嘉誠 90 歲才決定退休；成龍大哥已經 60 多歲了，還在為動作電影而拚命；71 歲的施瓦辛格剛當完州長，又一頭紮進了好萊塢。這些頂流明星和商界大佬們早就已經功成名就，實現財富自由，到了晚年該享受生活了，為什麼他們還要這麼拚呢？

這些現象並不是個案，很多政界、商界以及學術界的成功人士，到了退休年齡不想退休，即使不給錢，也要工作到死；更有意思的是，有的人每天上班身體好好的，只要一退休，各種病就都來了。這又是什麼原因呢？是因為年紀大的人閒不住，還是工作讓人更健康呢？

心理學家給出的解釋是，人的長壽來源於對生活的掌控感。

哈佛大學的心理學教授蘭格，有一次去拜訪一所做臨終關懷的敬老院，在那些生命接近尾聲的老人當中做了一個實驗。實驗人員給每一位老人送了一盆植物，並把這些老人分成了兩組。他們對第一組的老人說，這盆植物有專人負責養護，你們什麼都不用管，儘管放心欣賞就可以了；對第二組的老人說，你們要定期為植物澆水、修剪，否則它就會死掉。也就是說，第一組老人的植物，生死由別人決定；對第二組老人來說，他們的植物能否活下來，完全由自己決定。

一年之後，蘭格教授再次拜訪敬老院，調查後發現，第二組老人的死亡率比第一組低了一半。

　　這個結論一出來，很多業內人士都表示懷疑，就這麼一個小小的舉動，怎麼可能對人的生命產生這麼大的影響？會不會是一種巧合，又或者是某種「倖存者偏差」呢？後來，這個實驗被研究人員在不同國家、不同地區、不同種族的人群當中反覆做了很多次，得出的結論幾乎相同。

　　實驗中的第二組老人之所以比第一組老人的死亡率低，是因為他們對生活的掌控感更強。

　　什麼是對生活的掌控感呢？就是能夠深切地感受到，自己的行為可以在一定程度上對這個世界施加影響，透過自己的努力和付出，能使這個世界有所改變，哪怕只是很微小的變化。

　　掌控感不僅有利於減緩人的衰老，還是衡量幸福感和心理健康的重要指標之一。很多人之所以會過度自卑，甚至患上憂鬱症，就是因為長期不斷地遭受挫折和打擊，讓他們感到失去了對生活的控制感，好像這個世界有沒有自己都一樣。

　　這個結論告訴我們，你要想讓家裡的老人更加健康長壽，最好的辦法是讓他們有事可做，為社會作出力所能及的貢獻，展現自己的價值，這比買補品或者帶他們出去旅行更能提升他們的幸福感。

　　對於年輕人而言，增加掌控感的方法也很簡單，就是不斷地給自己設立一個又一個的小目標，然後盡最大的努力去實現它們。當然，如果你能更進一步，找到人生的願景、使命和意義，積極地去實現理想、超越自我，效果會更好。

　　總之，幸福感與掌控感，可以讓人的心態年輕化，讓你的容貌看上去比實際年齡小。這就是凍齡思維的價值。

隔離思維：

對未來最大的慷慨，是把一切都獻給現在

存在主義文學大師阿爾貝·加繆曾說：「對未來最大的慷慨，是把一切都獻給現在。」

當我看到這句話的時候，心裡是很認同的。不知道你發現沒有，其實我們生活中的焦慮、恐懼、不快樂，大多都來自未來的不確定性。想想你現在正在擔心、發愁的事，不管是工作、事業，還是婚姻、孩子，或者其他任何事情，幾乎都是明天以後才可能發生的；儘管有些看似重要且緊急的問題還沒有解決，但基本上都不影響你平安地度過今天。

出於對安全感的需求，人總是希望自己能掌控自己的人生，恨不得未來的所有事情都掌握在自己手中才踏實，否則就會浮想聯翩。有一個很形象的比喻是這麼說的，假設在你的前方有一片芳草地，中間與你間隔有一條一公尺寬的小路，你很容易就能走過去；如果路還是這條路，把路旁邊的草地換成深不見底的懸崖，猜想就沒幾個人敢走了。人生的道往往也是如此，只有在確保自己是安全的前提下，人才更有膽量往前走。然而在這個瞬息萬變的時代，未來的不確定性是一種常態，能確定發生的事情反倒成了一種非常態，人能真正掌控的事情其實是很少的。很多時候，一個人之所以過得不幸福，往往是因為他在用今天的力量，來背負明天、後天，甚至大後天的重擔。

有研究顯示，人對未來的擔心和焦慮絕大多數都沒必要。有心理學

家做過一項實驗，他找來一些受試者，要求他們每週日的晚上把下週的煩惱寫下來，放進一個箱子裡，連續幾週這麼做之後，再讓受試者開啟箱子逐一檢查每一項煩心事，結果他們擔心和焦慮的事情90%都沒有發生。有統計資料顯示，人的憂慮有40%屬於過去，50%屬於未來，最多只有10%屬於現在，而且這10%裡面大多都不會發生。

既然憂慮沒有用，那面對這個不確定的世界以及我們所無法掌控的人生，最好的應對策略就是：集中精力，面對今天。曾國藩有三句心法，叫做「未來不迎，過往不戀，當下不亂」。今天不好好過，那明天大機率也好不到哪裡去，你要真想有一個美好的明天，活在當下、過好今天就是你唯一的選擇，因為世界上最有力量的東西，就是「此時此刻」。

當然，我所說的「過好今天」並不意味著今朝有酒今朝醉，只顧現在痛快，不管未來死活；「過好今天」不表示們不該做長期的規劃，「活在今天」的關鍵是不要為明天可能發生的「壞事情」過度擔憂，如果明天這個「壞事情」真的來了，去積極面對就是了。

多年以前，加拿大醫學家威廉‧奧斯勒爵士為耶魯大學的學生做過一次演講，主題是《一種生活方式》。在演講中，他講述了自己第一次乘坐遠洋客輪的經歷。

有一天他和船長在客輪的甲板上聊天，甲板下面忽然傳來了一陣尖銳刺耳的警報聲，緊接著是奇怪的摩擦聲和破碎聲。船長對他說：「不要緊張，我們正在做安全演練，那是我們的水下隔離艙關閉的聲音，也是我們這次安全演練最重要的部分。」船長進一步解釋道：「船的底部是由很多個隔離艙組成的，這樣就可以保證當水滲進一個隔離艙的時候，不會影響到船的其他部分，即使我們的船像鐵達尼號一樣撞上冰山，湧進來的水也只會充滿那個破碎的隔離艙，而這艘船仍然會浮在水面上。」

　　奧斯勒爵士對學生們講：其實你們每個人的身體構造都比那艘遠洋客輪更加不可思議，你們的航程也比那艘客輪的航程更遠、更長。我希望你們也可以學會像客輪隔離艙一樣來對待自己的生活，把每一天都看作一個「隔離艙」，今天的煩惱來了，就把它隔離在今天的艙裡，而不要讓它影響到明天，這將保證你們安全地行駛完這一生的航程。

　　其實，我們生命中的每一天都有兩個按鈕。按下第一個按鈕，會將已經過去的昨日關在門外；按下第二個按鈕，會將未來，也就是尚未來到的明天擋在窗外，這樣你的今天就安全了。就這麼反覆操練，養成習慣，相信你必將收穫更加自由、快樂、精彩的人生。

第四章

榮譽只屬於那些真正將自己置身於競技場上的人。

——富蘭克林‧羅斯福

餘閒思維：

窮人越來越窮，往往是因為沒有餘閒

為什麼窮人越來越窮、富人越來越富？

這是一個被很多人關注和討論的問題。其實對於這個問題很早就有學者做過深入的研究。哈佛大學的經濟學教授賽德希爾和普林斯頓大學的心理學教授埃爾德，根據多年扶貧經歷以及大量調查和實驗得出了一些結論，顛覆了我們的認知。

貧窮的根源是沒有餘

多年以前，美國有一家醫院，他們的手術失敗率常年居高不下。為了改善這個狀況，醫院的高層想過很多辦法，花費了大量財力物力，但一直都沒什麼效果。後來，他們就從外面請了一位顧問來幫他們解決這個問題。

這個顧問來到醫院之後，簡單了解了一下情況，立刻就給出了建議，他說：「這個事很簡單，你們不是有 32 間手術室嗎，空出一間來，平時不要用，只用來應對那些緊急的突發性手術，問題就解決了。」

聽到這個建議，院方當時就不幹了，手術室本來就不夠用，還要空出一間來閒置，這哪是解決問題，這不是火上澆油嗎？這個顧問說你們可以先試一下，不行再改回來。在顧問的反覆勸說之下，醫院最終決定

試試看。結果這一試不要緊，效果立竿見影，不僅接診率上升了，手術的失誤率也是肉眼可見地下降了。

為什麼手術室少了一間，失誤率反而降低了呢？

因為這個顧問發現，醫院的手術總體上可以分為兩種，一種是計劃之內的、預料之中的手術；另一種是計劃之外的、突發性手術。這家醫院以前的做法是，計劃之內的手術占用了所有手術資源，讓手術室滿負荷運轉，在這種狀態下一旦有更加緊急的、突發性手術進來，所有計畫就全都被打亂了。為了保證進度，醫生們免不了手忙腳亂、焦頭爛額、加班加點、疲勞工作，使得做手術的效率變低、時間更長，最終陷入惡性循環。再好的醫生也不是機器，在這種忙亂的工作狀態下，時間久了，失誤率上升是必然的事。

後來，當醫院決定空出一間手術室專門應對那些緊急的突發性手術的時候，其他手術計劃就可以按部就班地進行，不會受到影響，失誤率也就隨之降低。這裡面最關鍵的區別就在於，有沒有留出餘閒的資源。

其實不只是醫療系統，任何系統的健康運轉都要留出一定餘量。比如，以前的磁帶條上都會留出一截空白，這樣才不容易被扯斷；洗衣機裡的衣服不能放得太滿；一條馬路的占有率超過 85%，發生塞車的機率就是 100% 等等。

懂得了這個道理，讓我們再回到最初的問題，為什麼窮人會越來越窮呢？我相信這個問題的原因一定是多方面的，不能一概而論，但賽德希爾和埃爾德兩個人告訴我們，資料顯示，貧困群體中確實有一個普遍特徵，那就是沒有餘閒。

首先，是沒有時間上的餘閒。他們傾向於把時間排得滿滿的，給自己營造出一種很努力、很勤奮的感覺，實際上大部分的時間都在處理生

活中的雞毛蒜皮的小事，或者只為滿足當下的需求而奔波，沒時間學習、成長，沒時間規劃、思考，也沒時間感受幸福；越是沒時間做這些，那些瑣碎的、沒有長期價值的事就越多，最終陷入窮忙的狀態中無法脫身。

其次，就是他們沒有資金上的餘閒。一旦遇到突發狀況，就不得不透支信用卡，用過信用卡的人都知道這就是個無底洞，每個月剛發了錢就得還信用卡，如果還不上還有高額的利息，讓人在經濟上長期處於被動和窘迫狀態。在現實生活中，往往越是窮人，就越喜歡借貸消費。

所以，在奮鬥的路上，勤奮和努力固然很重要，但更重要的是要給生活留出餘閒。美國哲學家梭羅曾說：「一個人的富有程度，和他能捨棄之物的數量成正比。」

貧窮的根源是稀缺心態

我發現，對於那些長期陷入貧困狀態的人來說，即使你給他一大筆錢，他運用錢財的方式也會使他的生活再次陷入困境。也就是說，長期貧困的根本原因並不是缺少資源，而是一種稀缺心態。

所謂稀缺心態，就是一種總是對資源感到匱乏的狀態。不知道你在生活中有沒有見過這樣的人，他們的經濟狀況已經非常好了，有著花不完的錢，卻總是在一些眼前的蠅頭微利上錙銖必較；又或者和別人發生小矛盾、小摩擦的時候，本來沒多大點事，非得花大量的時間把是非對錯說清楚等等。這些丟西瓜撿芝麻的表現都屬於稀缺心態。這是一種心態上的貧困和匱乏，與有多少錢、有多少資源沒關係。

稀缺心態至少會產生兩個負面結果，第一個叫做「管窺效應」，顧名思義，就是當你透過一根管子去看東西的時候，你所能看到的只是管子

裡面那部分，外面有什麼你都看不見，從而造成眼光的短淺和狹窄。

可以用一個思想實驗來解釋這個道理，如果我問你，什麼東西是白色的？你可能會說出很多種，而如果我問你除了牛奶，還有哪些東西是白色的，你可能就說不出幾個了。因為「牛奶」這個詞會吸引你的注意力，從而抑制你的想法。

心理學研究顯示，對一個事物過度關注，會抑制你的競爭意識。而人之所以會陷入長期貧困，多數情況下就是因為他們每天都在為瑣碎的事疲於奔命，一天到晚想的都是怎麼省錢，哪裡有打折、有特價、有活動，如何才能省下時間多打一份工，沒有時間和精力去做那些從長期來看最有價值的事。對此，巴菲特曾一針見血地指出：「一旦你有了省錢的腦子，就不會有精力培養一個賺錢的腦袋，所以，你窮得很穩定！」

稀缺心態給人帶來的第二個影響是，它會降低人的智商和認知能力。

有研究發現，人類大腦的頻寬非常有限，平時最多只能同時關注七件事，再多就會超過大腦處理能力的極限，從而被大腦忽略。

有一個實驗，實驗人員把一群受試者分成兩組，讓他們去做一份測試題，要求第一組受試者做題之前什麼都不想；第二組在做題之前，會對他們進行誘導，讓他們想一想自己目前糟糕的經濟狀況，並讓他們多關注自己缺乏的東西。

經過多次測試後的結果顯示，第一組的分數要比第二組高很多，幾乎是第二組的兩倍。

窮人為什麼感覺生活特別累？就是因為在瑣事上權衡利弊的思維過程太多了，由此造成的認知負擔，使他們平時會忽視一些很重要的事。

　　由此看來，一個人要想改變命運，除了當下付出努力之外，只要你的生活水準在溫飽以上，就一定要抽出時間來想一想，從一生的長度來看，對自己真正重要的事到底是什麼，最重要的事通常都不是最緊急的；同時，要保持好奇心，不斷地去發現、嘗試和探索人生新的可能性。

　　在祖克柏家中的衣櫃裡，掛著一堆一樣的衣服，對此，祖克柏本人給出的回答是：「我希望自己的生活盡量簡單化，我不希望把時間浪費在無意義的選擇上。」

富人思維：

被動資產比收入更重要

以前我讀過一本書，叫做《富爸爸窮爸爸》，這是一本教你怎麼成為富人的書，出版多年一直暢銷不衰。這本書最大的亮點，是它解答了一個很多人都弄不明白的問題：在賺錢這件事上，窮人和富人的差距究竟在哪裡，以及窮人怎樣才能獲得更多的財富？

書中告訴我們，對於這類問題，目前普遍存在兩種錯誤的觀念。

第一個錯誤觀念是，以為有了高收入，就等於成為富人了。

高收入的確能保證你在當下過上一種衣食無憂、吃穿不愁的生活，但高收入並不代表你就是一個富有的人。相信你一定見過不少這樣的人，他們收入不錯，但總是缺錢，每月的薪資一到帳，除去必要的開支，還完信用卡，基本就不剩什麼了。據說有一個從 NBA 退役的球星，因為在洗車房擦車的時候拒絕摘下總冠軍的戒指而被解僱了。

所以高收入的人不等於富人。

第二個錯誤觀念是，以為有了更多的存款，就等於成為富人了。

有的人認為，富人之所以擁有財富，是因為他們趕上了好風口，賺到第一桶金完成原始累積之後，再透過資本的力量獲取更多的財富，其實這種認知也不完全對。有一位物理學家用電腦做過一個模擬實驗，發現在經濟規律充分發揮作用的環境下，如果把整個社會的財富重新平均分配，一段時間之後，貧富差距依然會逐漸拉開；而且，有的窮人就算

因為一時運氣好而得到了很多財富，如繼承遺產、中樂透等，過不了多久會再次回到貧困狀態。

既然高收入和多存款都不能讓你成為一個富人，那麼人和人之間的貧富差距到底是如何形成的呢？窮人思維和富人思維對現金流的使用方式不同，富人善於購買資產，而窮人喜歡購買負債。這裡的關鍵在於，到底什麼是資產、什麼是負債。看起來很值錢的東西，未必是資產，也可能是負債；有些東西看起來很像負債，但它可能是資產。

簡單地說，所謂資產，就是在你購買之後，它能源源不斷地給你帶來更多收入的商品。比如，假設你在房地產市場爆發成長的年代購置了大量房產，你不僅能享受高額的增值收益，還能獲得固定的房租收入，雖然每個月要還房貸，看起來像是一種負債，實際上卻是高價值的資產。那什麼是負債呢？所謂負債，就是在你購買之後，它會陸陸續續地給你帶來更多支出的東西。也就是說，除非具有投資價值，你家裡的上等汽車、名牌手錶、奢侈品包包等都不是資產，而是負債。因為當你把一輛新車從 4S 店裡開出來的那一刻，它就貶值了，後續你還得為它支付保養費、保險費、燃油費等；一根價值 400 美元的鈦合金高爾夫球桿，開過球之後，它就會貶值到 150 美元，所以這些都是負債。

富人思維在花錢的時候有一種傾向，除了必要的生活支出，總是盡可能地購入資產而非負債；窮人思維一有錢就開始追求高品質的生活，購買高階消費品，不信你看大街上有多少手裡拿著最新款蘋果手機的小女生，其實她們一個月的收入也不過就幾千塊錢而已。富人思維不是不購買奢侈品或者高階消費品，而是他們會優先購買資產，再用這些資產所帶來的收入進行高消費。我有個前同事，每次一有最新款手機、電腦

等電子產品上市，他都會第一時間購買，周圍的人都說他錢多愛炫耀，他卻回應說，這些都是白送的。因為幾年前他就重倉買入了頭部網路公司的股票，現在漲了不少，他所有的電子產品都是用投資賺來的錢購買的。真正的奢侈品，是對投資報酬和資本累積的獎勵。

通常，窮人思維普遍更看重當下的薪資收入，力求找到一份薪水更高的工作，甚至同時打好幾份工；富人思維會把關注的焦點放在如何買入高價值的資產上面，讓資產幫自己賺錢，被動收入使富人越來越富。所以，要想成為富人，你需要不斷地買入資產。那麼，在日常生活中，哪些專案可以算得上資產呢？我為你盤點了一下，大概有以下幾種。

房地產

雖然房產投資的時代已經過去了，但是海外市場以及都市優質地段的住宅需求依然旺盛，還是有一定的投資空間的。

房產一般是用首付加貸款的方式買入，然後以租抵貸，透過房產增值來獲得收益，用少量的資金撬動價值更高的資產。在這方面一個典型的案例就是麥當勞，表面上麥當勞做的是速食生意，可實際上人家根本不靠這個賺錢，房地產才是他們真正的主業。麥當勞很重視每個分店的地理位置，用分店的加盟費來支付購買地皮的費用。隨著分店越開越多，麥當勞現在已經是世界上最大的獨立地產商。

但對於普通人來說，房地產的投資門檻是很高的，需要占用大量資金，而且不容易變現。

投資理財產品

股票、期貨、虛擬貨幣、貴金屬、債券、基金等都屬於投資理財產品。但需要注意的是，投資和理財其實是兩個不同的概念，嚴格來講不能往一起放。

理財的目的通常是對抗通貨膨脹，讓資產保值，黃金、國債、基金、餘額寶都屬於理財產品，理財產品的年化報酬率一般不會超過10%，否則風險就不可控了。購買理財產品最多讓你的資產不貶值或者貶值的速度慢一些，但要想獲得高收益、高利潤是不現實的。

而投資的目的一般是為了獲取高額收益，比如股票、期貨、虛擬貨幣等。收益高的專案通常風險也大，屬於專業選手的賽道，普通人如果沒有經過專業訓練最好別碰，搞不好不僅不會成為資產，還很有可能變成負債。

智慧財產權

智慧財產權屬於虛擬資產，只要付出一次性勞動把東西作出來，就可以獲得長期收益。比如圖書、音樂以及藝術作品的版稅、專利費、知識付費產品、App 商城裡的收費軟體等。在行動網路時代，智慧財產權的種類會越來越豐富，這也是大多數普通人相對比較容易獲得的資產。

知識和智慧

如果你既沒錢買房或者投資，也沒有智慧財產權，那還有沒有可以買入的資產呢？有的，你腦子裡的知識和智慧就是你最寶貴的資產。投資自己並不需要很多資源，你只要花幾十塊錢買本書或者買一套性價比

高的線上課程，每天花時間聽一聽、讀一讀，並在工作中積極進取、勤於思考、認真總結，就能獲得。這類資產的特點是，成長趨勢呈指數分布，投入之後短期內或許看不到收益，可一旦累積到一定程度，突破臨界點，就會呈現井噴式成長，從而為你創造出巨大的價值或者鉅額的財富。

富蘭克林曾說：「知識的投資常有最好的利潤。」

在秘魯，有一位工作了 45 年的金礦工人，對尋找新的金礦總是充滿信心，他說：「金礦到處都是，但大部分人因為沒受過相關培訓，所以發現不了它們。」機會總是留給有準備的人，這話還真是沒錯。即便是剛才提到的房地產、股票、智慧財產權等資產，也需要具有一定的知識和才智才能獲得，不是光有錢就行。現在是資本極其豐富的時代，市面上並不缺錢，缺少的是能讓財富發揮最大價值的智慧。

正如《富爸爸窮爸爸》中所講：「上天賜予我們每個人兩樣偉大的禮物，分別是思想和時間。每一美元的鈔票到了你的手中，你，且只有你，才有權決定它的用途。用它來享受，你就選擇了貧困；而如果用它來投資於你的頭腦，學習如何獲取資產，富有將成為你的目標和你的未來。選擇只能由你作出，每一天，面對每一美元，你都在作出讓自己成為富人還是窮人的抉擇。」

喚物思維：

具有足夠強烈的渴望，是成功最重要的條件，沒有之一

　　每逢過年過節，親戚朋友之間發個微信彼此祝福一下是免不了的，在不斷推陳出新的祝福語當中，有一個詞可以說是經久不衰，每年都有人在用，這個詞就是「心想事成」。「心想事成」真的是祝福嗎？如果一個人真能想什麼就有什麼，要什麼就來什麼，這日子過得還有什麼意思呢？還不得無聊死啊！如果所有人都能心想事成的話，那麼這個世界早就亂套了。

　　雖然心之所願的事不一定能成，可如果在你的內心深處對一件事沒有足夠強烈的渴望，骨子裡對它沒有迫切的需要，那麼在大機率上這件事也成不了。簡單來說就是，「心不想，事難成。」

　　「日本經營之聖」稻盛和夫根據自己多年的創業經驗，總結出一條堅定的人生信念，叫做「心不喚物，物不至」，只有內心足夠渴望實現的事情，才能被你召喚到成為現實的射程之內。

　　稻盛和夫說，你要是真想做成一件事，唯一不可缺少的就是「強烈的願望」。要在頭腦中不斷地告訴自己，我一定要這樣，我必須要做到。其實當你想要做某件事的時候，產生這種願望本身就是一個證據，證明你具備將這種願望變成現實的潛在力量。

　　多年以前，稻盛和夫剛剛開始創業的時候，有一次去聽松下公司的

創始人松下幸之助的講座，在講座的過程中，松下幸之助講了一種管理理念叫做「水庫式經營」。他說一條河如果沒有蓄水池，下大雨的時候就容易引發洪澇，遇到旱災就會枯竭。經營企業也是同樣的道理，經濟好的時候一定要做好現金流的儲備，以免蕭條期來臨時資金鍊斷裂。當時現場有幾百名中小企業主，聽他這麼一說，都開始低頭議論，表示不滿：「這個道理我們都懂啊，我們來這裡就是想聽該怎麼建這個水庫的，你只說建水庫的重要性，這對於我們來說一點用都沒有。」

在最後的提問環節，有個人乾脆站起來直接問松下幸之助，您講的水庫式經營說起來容易，但我們都是小企業，平時的利潤很少，根本就沒有建水庫的能力，不如您教教我們具體該怎麼做吧。松下幸之助也很無奈，苦笑著搖搖頭說：「具體怎麼做我也不知道，但一定要建水庫，你必須得有這個決心。」此話一出，現場一片譁然，幾乎所有人都對他的回答感到失望。只有一個人除外，這個人就是稻盛和夫。稻盛和夫不僅沒有失望，而且聽完之後感覺全身就像有電流經過一樣，他一下就明白了松下幸之助到底在說什麼。

其實松下幸之助的意思是，問題的關鍵不是方法，不是具體該怎麼操作，而是你要充分認識到它的重要性。如果一件事對你來說足夠重要，非常重要，你或早或晚一定會找到解決問題的辦法。

平庸的人只談方法論，厲害的人看重的卻是價值觀。在大多數普通人的眼裡，這輩子想要鹹魚翻身，考大學幾乎是唯一的通道。然而，真實的狀況跟我們想像的可不太一樣，考大學是很重要，但遠沒有重要到能決定你命運的地步。曾有人對大學考試榜首們的職業現狀做過一次調查。結果發現，大部分榜首離開校園之後雖然過得都不差，但也沒比普通人好太多，他們在職業生涯中所取得的成就跟社會對他們的期望相比

差得很遠。無論是在政界、商界，還是在文藝界、教育界，他們成為行業翹楚和頂尖人才的機率都不高。

既然一個人的求學經歷無法滿足我們對未來的期待，那麼決定命運最重要的因素究竟是什麼呢？在回答這個問題之前，你要先理解一個概念——「均值回歸」。

所謂「均值回歸」，就是無論任何事物，在它的成長過程中都是或高或低、或好或壞的，但從長期來看，都會回到平均水準，最終它能成為什麼、能達到什麼程度，是由這個平均值的高低來決定的。

比如，你去參加馬拉松，如果你的體能不是很出眾的話，即使你在剛開始的時候跑得很快，後面一定會慢下來，最終你的成績是由你的體能決定的，你的體能決定了你長跑速度的均值。再比如，有的人人生的高光時刻來得雖然很早，年少成名，但因為整體均值不高，所以就可能高開低走，變得越來越平庸；有的人別看前半生碌碌無為，可如果他人生的均值比較高，很有可能會大器晚成。我們在綜藝節目上看到的很多神童，起步真的高，讓你我這樣的普通人望塵莫及，可後來卻泯然眾人矣，往往就是這個原因。

那麼問題來了，人生均值的高低又是由什麼決定的呢？怎樣才能提高人生的均值水準呢？有研究顯示，人生的均值跟你對自己的期望值基本是一致的。也就是說，在你的內心深處，你期望或者你認為自己該成為什麼樣的人，想要做成什麼樣的事，這些因素大機率決定了你人生的均值，它比你目前的真實狀態更能決定你未來的命運。

無論做任何事情，強烈的願望都是成功的母體，如果沒有內心的感召，好的結果就不會如期而至。但是在理解這個觀點的時候，有幾個常見的失誤是需要特別注意的。

第一，這並不屬於「玄學」的範疇，也不是某種精神力量的結果，它是有心理學依據的。

當你很想做成一件事的時候，在你的潛意識裡就會反覆思考做成這件事的各種可能性，一遍又一遍地演練實現它的具體步驟，這個過程通常是在你大腦的後臺執行的，平時你自己可能都感覺不到。一件事想得多了，就會變成行動，當你不斷地思考，一次又一次地排除錯誤的邏輯和方法之後，成功之路就會在你眼前漸漸清晰起來。

第二，你的渴望要足夠強烈，像那種「如果能怎麼怎麼樣就好了」這一類的白日夢是不行的。

夢想每個人都有，為什麼有的人只是想想，然後就洗洗睡了，晚上躺下千條路，早上起來走老路；有的人卻能為理想付出極高的代價，直到成功為止呢？單從主觀因素來說，最重要的原因不是後者比前者更勤奮或者意志力更強，而是他們的意願更加強烈，強烈到足以改變行動。用稻盛和夫的話來說就是：「要想實現目標，你必須得有非同尋常的強烈願望，只要一天沒實現就難受，從頭到腳都充滿著這種願望。假如從你身上任何一處切開，流出來的不是血，而是這種願望，這才是成功的原動力。」

第三，你要把最終目標聚焦在你能成為什麼樣的人，或者做成什麼事上面，而不是隻想要得到什麼好處。

強烈的願望之所以能成為現實，關鍵在於這個願望不僅要利己，而且要利他，不光要愛己，更要愛人，這才符合天道，這才是宇宙的法則。

疊代思維：

失敗不是因為沒能力做好，而是總想一開始就能做得很好

19 世紀末，有一個出生於德國的小男孩，特別笨，直到 5 歲的時候才學會說話，他的父母甚至懷疑他是不是智力有缺陷。在他剛剛學會說話的時候，他就被父母送進了學校。

有一天，老師給學生們布置了一個作業，讓每個學生做一個手工。幾天後要交作業的時候，班上每個同學都展示了自己的作品，可這個孩子一直不肯拿出來，最後在老師嚴厲的目光之下，他終於扭扭捏捏地從桌子下面拿出了自己的作業——一個用木頭做的凳子。

老師接過來看了看，覺得這個東西實在是太醜了，於是就把凳子舉起來問全班同學：「你們認為世界上還有比這更醜的凳子嗎？」此話一出，瞬間引起了哄堂大笑，但是這個孩子並沒有在意大家的嘲笑，他對老師說：「有的，有的。」他一邊說著一邊從桌子底下又拿出了一個凳子，說：「這是我昨天做的。」接著又拿出一個說：「這是我前天做的。」這兩個凳子果然比他第一次拿出來的還要難看。

後來，小男孩長大了，他送給了人類三件禮物，分別是：狹義相對論、廣義相對論、光的波粒二象性原理，他的名字叫做阿爾伯特·愛因斯坦。

法國哲學家阿貝爾·加繆曾說：「一切偉大的行動和思想，都有一個微不足道的開始。」這話也可以這樣理解：幾乎所有偉大的作品，最初看起來都像一堆垃圾。

　　特斯拉在生產第一款電火車的時候，甚至連自己的生產線都沒有，車的整體設計還是從一個英國品牌那裡買來的，以至於根本沒法用一個合理的方式來安裝電池，導致最終製造出來的汽車非常難看，就像背著一個炸彈跑在路上。後來特斯拉不僅完美地解決了這個問題，還發展成為世界電動汽車第一品牌，引領了整個行業的潮流和方向。

　　很多後來了不起的產品，都是從最初看起來不起眼，經過持續改進、不斷修正和疊代之後進化而來的。很多時候我們無法成功，並不是沒能力、缺資源，而是總想一開始就做到完美，否則就不做了。

　　有的人對自己的要求很高，要做就做到最好，要不然就不做，為避免丟人現眼，他們一定要把事情做得像模像樣、盡善盡美之後，才好意思展示在大眾面前。比如，單字量太少就不敢用英語對話；要等到有了一定的閱讀量才開始寫作；產品功能必須足夠完善才肯推向市場；等等。以高標準嚴格要求自己是沒錯的，但在你剛開始做一件事情的時候，邁出第一步遠遠要比做得好不好更加重要。完美主義會讓你對工作結果總是不滿意，使工作進度一拖再拖，從而錯失很多機會；即使你在精心準備之後，終於拿出自認為滿意的成果，一旦你發現和現實需求不一致，再想調整和修改時，你將會付出更大的代價。

　　正如矽谷最偉大的創業孵化器 YC 的創始人格雷厄姆所說：「當你的產品釋出出來的時候，你都沒有明顯地看出產品的缺陷，證明你釋出這個產品的時間已經太晚了。」

　　無論是學習一項技能還是完成一項任務，在初期階段你首先要做的就是心平氣和地接受自己的糟糕和笨拙，盡快邁出第一步，把最初的成果，或者叫「最小可行產品」（MVP）展示在大眾面前，以此來取得回饋；再根據使用者回饋作出相應的調整，就算做錯了，改進的成本也是

很低的，這樣就能以最小的代價、非致命的失敗來不斷修正和改進自己的產品或者技術。儘管每一次的版本看上去都沒什麼變化，但實際上每一次都比上一次更有進步。正所謂「草鞋沒樣，邊打邊像」，工匠精神並不是一開始就要追求完美，而是在不斷改進、持續疊代的過程中走向卓越。

即使是一件不起眼的小事，在經過反覆改進和疊代之後，也會給你帶來意想不到的收穫。我有個前同事，是一位馬拉松長跑愛好者，各種比賽的獎牌拿到手軟。可誰也不曾想到，此人曾是一個體重 100 多公斤，上層樓都要喘一會兒的大胖子。他的馬拉松之旅是從每天晚上堅持走 500 公尺開始的，為什麼要從走路開始呢，因為跑不動，所以只能走。後來他從走變成跑，越跑越遠，越跑越快。IBM 公司最早是做磅秤起家的，公司的創始人也一定不會想到，透過不斷改進產品，IBM 公司竟然能成為世界上最大的電腦公司。

對此，吳伯凡老師說過一段很精彩的話：「疊代思維既是一種世界觀，也是一種方法論，它是我們在資訊不充分、知識不充分的前提下所採取的行動。事實上人類總是在知識和資訊都不充分的情況下採取行動，誰也不可能提前給你一張畫好的人生路線圖，讓你照著去活。任何一段偉大的人生、一項偉大的事業都是一個摸索的過程，『摸著石頭過河』，聽起來不酷，卻是最樸素也最有用的道理。」

增量思維：

別讓你所擁有的，成為你的局限

我的一位朋友在一家世界 500 強的企業裡工作，平時公司裡一有什麼集體活動或者推出新產品，甚至老闆喊了個什麼口號，她都會發社群。有一次，她在社群裡發了幾張公司內部團建的照片，都是些同事一起吃吃喝喝、舉杯慶祝的場面，這都很正常，可是她卻留下了這樣一句感言：「We are a family, forever.（我們永遠是一家人）」

這件看起來稀鬆平常的小事，反映出很多職場人都具有的一種心態，就是試圖把自己的命運跟所在的組織或者平臺永久性地綁在一起，甚至把平臺所賦予的價值等同於自身的價值，把組織的力量當作自己的能力。其實無論你在一家多麼優秀的企業裡工作，也不管你此時此刻多受老闆器重，公司也不是你的家；與同事的合作再親密無間，彼此之間的關係也遠遠達不到家人的程度。

嚴格來說，一個團隊更像是一支球隊，球隊只會讓那些能為贏得比賽作出貢獻的人留下。當它不再需要你的時候，即使你曾經立下赫赫戰功，奉獻出了最寶貴的青春年華，到了該退役的時候也得退役。也就是說，你的價值永遠取決於你未來的增量，而不是過去的存量。

所謂「存量」，就是你過去所創造的價值以及當下所擁有的資源，如你的工作、存款、人脈、技能等；「增量」則是你未來可能創造的新價值以及可能獲得的新資源，如更好的工作、更多的存款、更優質的人脈、

更高水準的技能等。從某種意義上說，人的思維方式也可以分成兩種：一種是「存量思維」，另一種是「增量思維」。什麼是「存量思維」呢？

存量思維有兩個顯著的特徵：首先，就是永遠把自己的價值建立在已經掌握的資源上，依賴甚至迷戀自己當下所擁有的一切，而且總是把注意力集中在自己會失去什麼，而不是會得到什麼。比如，只知道賺錢存錢，卻不懂得正確地花錢和投資；從學校畢業之後，覺得自己有了高學歷，就再也沒有認真讀過幾本書；企業在產品占領市場之後就停止了創新等等。

其次，存量思維最常見的表現就是認為只要怎麼怎麼樣就好了，只要擁有什麼什麼東西就好了，只要成為誰誰誰就好了。你所擁有的存量，也許能在短期內給你帶來一定的生存優勢，但它並不能給你未來，甚至還會限制你的發展和成長。

任何事情都有好的一面和不好的一面，占有太多資源也不例外，一個人占有的越多，被占有的也就越多。這個世界上從來就沒有無成本的占有，你所占有的，同時也在占有你。

很多人經常說，你看某人擁有億萬身家，即使什麼都不幹，存的錢幾輩子也用不完。真的是這樣嗎？實際上，就算這些錢他真的幾輩子都用不完，也是因為他有持續創造財富的能力，而並非單純依靠存款。因為財富的意義在於讓人做有價值的事，而不是存起來用於享樂。錢的屬性就是用來增值，如果你沒有能力讓它以該有的效率成長，它就會以你意想不到的方式離開你。正如調查研究發現，很多中了大獎的窮人，在風光幾年之後依然會回到貧困的狀態。

多年以前，我第一次離開家去外地上學，打包行李的時候，老媽往我箱子裡塞了幾條新毛巾，跟我說以後缺毛巾、床單之類的東西，別在外面買，從家裡拿就行了，這些年家裡存了好多。後來我帶去的毛巾在我第一次水洗的時候就洗破了，因為存放的時間太長了。從那一刻起我

就知道，僅靠存量是難以安身立命的。

哈佛大學的克里斯坦森教授說過：「大企業的衰敗並非源於管理不善，而是因為他們過於依賴自己已有的優勢。」

要想不受存量思維的限制，你就必須培養增量思維。增量思維是一種能夠使你不斷拓展人生的新邊界，從而持續成長和進化的思維方式。具有增量思維的人，會把著眼點放在未來，而不是現在，他們看重的是我將會成為誰，而不是我已經擁有什麼。比如，在微軟公司最鼎盛的時期，比爾蓋茨就曾斷言：「微軟離倒閉永遠只有半年時間。」任正非也說過：「生存，永遠是華為的第一目標。」這種危機意識，就是增量思維的一種展現。除此之外，增量思維更高級的表現，是主動用存量來換取增量。

存量就像一個蓄水池，只有不斷地注入增量讓水流動起來，它才會充滿生機、清亮透澈，否則就會成為死水。擁有資源並不代表擁有未來，未來只屬於那些善於利用資源的人。因此，我們應該盡可能地培養增量思維，避免存量思維。

那具體該怎麼做呢？

英特爾公司曾是世界上最大的儲存器製造商，從 1968 年起，公司的主要利潤都來自儲存器業務。直到 1980 年代初期，日本儲存器市場崛起，使得英特爾公司連續 6 個季度業績下滑。在這種情況下，如果再沒有起色，當時擔任公司總裁的安迪・格魯夫以及執行長戈登・摩爾（摩爾定律的提出者）可能都要下臺，而英特爾也很有可能將從此走向衰落。

有一天，安迪・格魯夫在會議結束之後問摩爾：「如果我們下臺了，你認為新進來的那些傢伙會採取什麼行動？」摩爾猶豫了一下，說：「他們肯定會徹底放棄儲存器的生意，轉去做處理器。」

這時，格魯夫死死地盯著摩爾說：「既然是這樣，那我們為什麼不自己動手呢？」

後面的故事你都知道了 —— 英特爾公司現在是全球最大的微處理器生產商。

培養增量思維，就是要不斷地倒逼自己：「如果現在我一無所有了，那我該做些什麼呢？」正如賈伯斯所說：「假裝自己一無所知。」

破局思維：

人生如一盤棋，三招助你破除死局

生活中，我們對「局」這個概念一定不會陌生，如「格局」「飯局」「棋局」等。那到底什麼是「局」呢？

所謂「局」，就是你跟身邊的各種資源之間相互作用、相互關聯的狀態。

無論是人類社會的發展路徑，還是每個人的生命軌跡，其實都是一個不斷「做局」再不斷「破局」的過程。也就是說，當你處於各式各樣的困局當中，你需要做的，就是解決問題，達成目標，破局而出。

破局，本質上就是透過對已有資源的調整、配置，改變相互之間的關係，讓自己在艱難處境當中有路可走。

只可惜做局是常有的，破局卻是不容易的，如果舉措失當還會落入僵局和死局當中。要想重新整合身邊的資源以擺脫困境，需要極高的智慧。

以下三招教你破局。

使用無關資源

當現有資源不足以解決問題的時候，你要尋找那些已經存在但之前沒有使用過的資源，將其與現有資源進行整合，或許你就能找到新的出路。

7-11 是一家來自日本的零售業大廠，也是全球最大的連鎖便利店集團。他們的優勢是，全年 365 天 24 小時營業；按人群密集度來開店，為的是最大限度地接觸到客戶；在庫存、物流以及供應鏈等方面，有著豐富的管理經驗。

2000 年的時候，便利店市場的競爭空前激烈，7-11 必須在業務上尋找新的出路。在綜合考慮了各種因素之後，7-11 決定把 ATM 機引入每一家店鋪裡面，這樣既方便用戶取錢，又能增加客流量。

由於 7-11 店內的 ATM 機發生故障的機率很低，服務效率高，越來越多的人會在存取現金的時候立刻想到找一家 7-11 便利店，而不是去銀行。隨著這項業務的體量越來越大，7-11 總部還專門為此成立了一家銀行，叫做「7 銀行」，該銀行於 2008 年成功上市。自從引入了這項新業務，7-11 的盈利率一度達到了 30%，而當時即便是位於東京最繁華地段的百貨公司，盈利率最多也不過才 4%。

辦法總比困難多，有很多看似與當前環境無關的資源，如果善加利用、充分整合，或許會產生意想不到的效果。

尋找新破局點

在人生旅途當中，當你陷入僵局而無法前行的時候，往往並不是真的無路可走，而是你被眼前的困境矇蔽了雙眼，正所謂一葉障目，不見泰山。一旦你能從眼前的境況當中抽身出來，著眼於更大的地圖，或許你就能找到新的破局點。

西元 207 年，劉備在中原闖蕩了 20 多年，先後投奔過很多人，如曹操、袁紹、劉表等，可一直都混得不太好。當時的劉備已經 46 歲，眼看這輩子就這麼過去了，然而命運讓他遇見了諸葛亮。

　　諸葛亮給他的建議是，離開群雄逐鹿的中原，去奪取競爭不那麼激烈的荊州和益州，然後再以荊州和益州為根據地對抗中原。因為中原地區繁華富庶，與當時最強盛的兩股勢力——曹操和孫權相比，劉備的實力太弱，不可能有機會。劉備聽取了諸葛亮的建議，在荊州和益州逐漸發展壯大，最終和曹操、孫權成鼎足之勢，三分天下。

　　這段典故，在歷史上被稱為「隆中對」。

　　無獨有偶，賈伯斯曾一度被董事會趕出了蘋果公司。

　　1996 年，蘋果公司經營不善，賈伯斯再次臨危受命回歸蘋果。

　　當時的蘋果公司就跟劉備迷戀中原一樣，只顧著在個人電腦領域跟競爭對手硬碰硬，光 Mac 電腦系列就有幾十個版本，可沒有一個版本是成功的。

　　賈伯斯回歸蘋果公司之後的第一個動作，就是砍掉了 90％的產品線，然而他真正的神來之筆並非只是減少產品的品類，而是突然轉行去做 MP3 音樂播放器。

　　2001 年的時候，蘋果公司推出了 iPad，大獲成功，並逐漸建立起了蘋果產品的品牌形象。在此基礎上，蘋果公司又於 2007 年推出了 iPhone，讓整個手機行業徹底洗牌。

　　很多時候我們找不到出路，不是因為沒有目標、缺少資源，也不是沒有能力、不夠勤奮，而是因為沒有看到更大的地圖。

先分解再重組

　　也許你手上並不缺少資源，但這些資源無法幫助你解決當下面臨的難題。這個時候，你可以對資源進行重新配置，先拆分，化整為零，然後再以另一種方式將它們重新組合，這樣你可能就會找到解決方案了。

　　沃爾瑪剛剛創立的時候，美國的零售業市場基本上已經完成布局。當時業內有一個共識，就是大型商場或者超市一定要開在 10 萬人以上規模的城鎮，否則就會出現銷量太低、成本太高的情況，是不可能盈利的。可當時 10 萬人以上的城鎮，都已經被幾個大型百貨公司占據，競爭非常激烈。如果剛成立不久的沃爾瑪也來爭奪這片市場，是沒有任何機會的。

　　面對這樣的困局，沃爾瑪選擇逆勢而為，把目標投向了人數更少的城鎮。這些城鎮多則三五萬人，少則一兩萬人，正常來說，在這裡開店都是虧本生意。

　　然而，沃爾瑪採用了一個很聰明的策略，利用當時已經成熟的衛星技術，將每一個單店的條碼系統、物流系統以及庫存系統聯結起來，形成了一個按區域劃分的商店網路，讓多個單店之間能夠即時連繫、共享資訊、統一排程，並在物流和倉儲上也使用了相同的技術。這一舉措不僅大幅提高了運輸效率，還降低了經營成本，看似分散在各個小鎮的多個店鋪，本質上相當於開在一個大城鎮的大店鋪，這樣反而取得了競爭優勢。可以說，沃爾瑪能有今天的規模，相當程度上要歸功於這一決策。

　　當你處在困局當中的時候，不妨靜下心來，審時度勢、變換視角，你所需要的資源說不定已經在你的身邊了，你所要做的就是用智慧的眼光和積極的心態去探索和發掘。你要知道在每個死胡同的盡頭，都有另一片天空，你要做的是在無路可走的時候騰空而起，去創造奇蹟。

機率思維：

在未來不確定的情況下，如何作出最優決策

我們每個人的一生都是由無數個大大小小的選擇所決定的，每一個選擇都是對未來的一種投資行為，你目前的生活狀態其實就是過去一連串的選擇疊加起來所產生的結果。

作出選擇和決策有的時候很容易，有的時候卻很難，之所以難，是因為我們不知道該怎麼去權衡利益和風險。在面對一個既有誘惑又有風險的選項時，我們該如何作出判斷和取捨，才能使自身的利益最大化呢？這就是接下來我們要解決的問題。

前些年，我所在的城市出了一項政策，低端產業將就地更新改造，批發集散的業態要向外轉移。我有個朋友一直在建材市場開店做建築用料生意，因為市場將要被拆除，他需要重新尋找店面。有一次我們一起喝茶聊天，他跟我說，最近有個事讓他很糾結，進退兩難。

什麼事呢？因為這個朋友並不打算離開市區，他決定在附近的一個管理比較規範的建材大廈裡找個地方繼續開店，這個大廈是新蓋的，目前租戶不多，店面選擇的餘地也比較大。可問題是，這個大廈以後客流量大還是小、未來生意怎麼樣，現在很難預料，至少要等幾個月之後才能看出形勢。要是租大店面，以後生意不好，租金成本就會很高；倘若租小店面的話，萬一以後這地方火了，到時再想擴大，猜想好位置早都被人占完了。他問我對這事怎麼看。我給他的建議是，租大一點的店面。

其實，對建材這一行我並不熟悉，甚至連了解都談不上，更做不到未卜先知，那為什麼我一個外行要給他這樣的建議呢？因為我知道雖然不同的人所遇到的問題是多種多樣、各不相同的，但作選擇、作決策的科學方法是固定不變且普遍適用的。對待這一類問題，我經常採用期望值理論所蘊含的解決方法。

什麼是「期望值理論」呢？

喻穎正老師在他的著作《人生演算法》一書中講過一個思想實驗：

假設在你面前有一個紅色按鈕和一個綠色按鈕，按下紅色按鈕，你將獲得 100 萬美元；按下綠色按鈕，你有 50% 的機率獲得 1 億美元，也有 50% 的可能什麼都得不到，並且你只有一次按下按鈕的機會。要是你，你會按下哪一個按鈕呢？

相信大多數人都會選擇按下紅色按鈕，因為人普遍都有一種降低損失的心理，和 1 億美元相比，100 萬美元並不算多，可好歹也是一筆飛來橫財；雖然按下綠色按鈕有一半的機會能獲得 1 億美元，但從機率上來看無異於一場豪賭，搞不好就會一無所獲。

那最好的選擇是什麼呢？其實是按下綠色按鈕，因為綠色按鈕的期望價值＝ 1 億美元 ×50%＋ 0×50%＝ 5,000 萬美元。

從表面來看，按下綠色按鈕的收益是不確定的，要麼拿走 1 億美元，要麼空手而歸，但你只要改變一下操作手法，就可以讓它的收益由不確定變成確定的。

比如，你可以把這種有一半機率能獲得 1 億美元的機會以 1,000 萬美元的價格賣給別人。雖然你不願意冒險，但一定有人願意，這樣你能獲得的收益是按下紅色按鈕的 10 倍。

再比如，以 100 萬美元的價格將按下綠色按鈕的權利賣出去，並要求

如果買家中了 1 億美元，要分給你 50%，沒中就算了。這樣，即使對方沒中，你至少也有 100 萬的保底收入，這和按下紅色按鈕的收益是一樣的。

第三種方案，你可以把對賭權切碎了賣掉，發行樂透，2 塊錢一張，印 1 億張，誰中獎了誰就擁有按下綠色按鈕的權利，最終你將會獲得 2 億美元的收入。除此之外，還有更多更好的方法將你的對賭權變現，在此就不一一列舉了。

結論就是，根據期望值理論（期望值＝選項 1× 選項 1 的概率＋選項 2× 選項 2 的機率＋……），有 50% 的機率得到 1 億美元，和 100% 的機率能得到 5,000 萬美元，本質上是一回事。

雖然這只是一個假設性遊戲，但這個思想實驗對於我們在日常生活中進行科學決策，有著重大的指導意義。

這個實驗告訴我們，如果在你面前有若干選項，一定要選擇期望值最高的那一個。紅色按鈕的期望值＝ 100 萬美元 ×100%＝ 100 萬美元，綠色按鈕的期望值＝ 1 億美元 ×50%＋ 0×50%＝ 5,000 萬美元，所以最優選項是按下綠色按鈕。

那如果你聽了我的建議，按下了綠色按鈕，結果賭輸了怎麼辦，豈不是一分錢都拿不到？沒關係，只要你堅持在人生中每一次做選擇的時候都採用這個策略，選擇那個期望值高的選項，這樣即使你偶爾會輸，但只要你做選擇的次數足夠多，那麼總體來看，收益回報率一定是最高的。就好比你往天上拋硬幣，也許前 5 次落在地上之後都是反面朝上，但隨著你拋硬幣的次數不斷增加，正面以及反面朝上的占比都會越來越接近 50%，因為拋硬幣正面朝上的期望值就是 50%。總而言之就一句話，結果可以錯，方法不能錯；輸球可以，但不能輸了路子。好的決策不是讓當下或者一段時期內實現收益最大化，而是要讓一生的總收益最大化。

到此為止，這個決策方法雖然在理論上是成立的，但還不足以指導實踐，因為還有一個問題沒有解決。在剛才的思想實驗裡，按下綠色按鈕之後是獲得 1 億美元還是一分錢都拿不到，它們機率是確定的，都是50%。然而在現實生活中，很難確定每個選項的機率是多少。就拿剛才我那個朋友的例子來說，租小店面收益少、風險小，租大店面收益高、風險大，但是這兩個選項的風險和機率各自是多少並沒有具體的數字，沒法算期望值，這時候該怎麼辦呢？

對於風險大、收益高的選項，如果你能接受最壞的結果，那就選它，否則就選擇風險小的那一個。比如，我之所以建議他租個大一點的店面，是因為最壞的結果也不過就是一年損失幾萬塊錢，這個結果是可以承受的，而一旦生意好的話，收入是上不封頂的，總體期望值一定大於零；相反，如果我的朋友問我，該不該變賣所有資產去搞網路創業，那我一定會阻止他，因為一旦失敗，結果是他無法承受的。

即使創業成功的機率很低，很多風險投資機構還是會拿出幾百上千萬，甚至過億的資金投給創業者，這也是期望值理論在發揮作用。投資人會根據自己的行業經驗對創業公司未來成敗的期望值作出判斷，就算投了 10 次失敗了 9 次，但只要有一家創業公司成功上市，投出去的錢就有可能會全都賺回來。

祖克柏創辦 Facebook 不久，曾有人用 1,000 萬美元收購他的公司，被他拒絕了；兩年後雅虎出資 10 億美元收購，他依然被拒了；後來祖克柏還有過很多次只要賣掉公司就能大發橫財的機會，可他都選擇了放棄。又過了幾年，另一家獨角獸級別的創業公司 Snapchat 幾乎以同樣的態度拒絕了 Facebook 出價 30 億美元的收購邀約。這些創始人做決策的依據，以及在金錢面前毫不動搖的「氣節」，從根本上都是源於期望值理論。由此看來，凡是能做成大事業的，都是具有一定冒險精神並且能明白機率權的人。

　　對於大多數普通人來說，人生旅程的腳步邁不開，事業上難以突破局限，相當程度上就是因為在眼前的利益上算計得太精明。比如，本來有實力考上研究生，怕萬一考不上耽誤找工作而選擇放棄；為了避免在工作上出錯，從來不敢主動迎接新的挑戰；想開展自己的事業，又捨不得放棄現在穩定的收入；等等。其實做高風險、高難度的事所帶來的回報，是那些看起來簡單而穩妥的事所不能比的。

　　著名企業家說：「如果一件事情有50%的把握，我就會去做，因為有暴利可圖；如果有80%的把握才開始做，最多只能得到平均利潤；如果有100%的把握才去做，一定虧損。」

　　諾貝爾獎得主曾說：「所有重要的物理學實驗，在開始的時候成功的機率都不到1%，然而再小的希望也是希望，只要它不是零，就應該去做，如果因為希望小就不做了，今天就不會有那麼多劃時代的物理學發現。」

　　古人常說，凡事「預則立，不豫則廢」，意思是，凡事都要做好準備才能取得成功，否則就一定會失敗，但請注意這裡所說的做好準備的目的不是為了規避所有的風險，而是為了防範那些我們所無法承受的如人身安全、生活保障、戰爭勝敗、國家存亡等風險。

　　凡事做好準備，對過去的人來說是一種常態，但今時不同往日了，根據社會學家貝克提出的觀點，從微觀上來看，隨著社會的發展，每個人所面臨的生存風險將會越來越小。在1970、80年代，你一旦失業，幾乎就等同於滅頂之災，而現在呢，只要你有能力，海闊憑魚躍，天高任鳥飛。

　　正如富蘭克林‧羅斯福所說：「榮譽只屬於那些真正將自己置身於競技場上的人。」在現如今的時代，如果你不敢承擔任何風險，就是在不斷地放棄機會，讓自己本來就微薄的資源去補貼那些未來的「成功者」。

多元思維：

突破人生瓶頸，你需要建立多元思維模型

如今，人類正面臨一個快速變化且空前複雜的世界，而我們與這個世界最大的矛盾，就是總想用簡單的思維方式來解決複雜的問題。

假如有人問你，要想在某個領域取得卓越的成就，或者成為行業內的頂尖高手，最重要的因素或者條件是什麼呢？答案耳熟能詳，那就是——專注，就連比爾蓋茲和巴菲特也都是這麼說的。據說有一次，比爾蓋茲的父親邀請比爾蓋茲和巴菲特一造成家裡吃晚飯。他跟這兩個人玩了一個遊戲，讓他們分別在手上寫一個對自己的事業影響最大的詞，各寫各的不許商量，結果兩個人的答案竟然完全一致，都是「專注」。

沒錯，專注的確很重要，它是做好任何事情最重要的先決條件。可很多人對「專注」有一個錯誤的理解，以為「專注」就是「單一」，就是簡單地窄化。比如，他們認為想成為一流的經濟學家，就只學經濟方面的知識，其他書根本不用看；想成為程式設計高手，整天跟電腦打交道就夠了，不需要其他技能；想成為藝術家，只要才藝好就行，文化課根本不重要；等等。這樣做在初期階段或許能取得不錯的成績，但從長期來看，往往會讓人思維固化，遇到難以跨越的瓶頸。

其實專並不是簡單地把時間和精力聚焦在一個非常狹窄的賽道上，巴菲特一輩子專注於投資事業，但絕不是隻學習投資方面的知識，他幾乎所有領域的書都讀。

巴菲特的老搭檔·查理·蒙格曾說：「研究人性的心理學表明，單一的思維模式會讓你在面對問題的時候扭曲現實，直到它符合你的思維模型，或者至少到你認為它符合你的模型為止。」馬克·吐溫對這一類現象的表述更加形象，他說：「手裡拿著錘子的人，看什麼都像釘子。」這也是那些所謂「專家」經常犯的錯誤，無論遇到任何問題，他們都會本能地使用自己專業領域的思維模式去解決問題，從而形「專業偏見」，資歷越深，就越容易盲目自大。有句話說得好：「如果你只懂行銷，就說明你不懂行銷；如果你只懂一個領域，說明你並沒有真正弄懂這個領域。」

那怎樣才能避免成為「拿著錘子的人」呢？

目前最具權威的解決方案是由查理·蒙格提出來的，他說：「你必須把你的經驗懸掛在頭腦中的一個由許多思維模型組成的框架上，所以你必須擁有許多學科的思維模型，也就是多元思維模型。」

多元思維模型如果用好了，效果會相當驚人。

2001 年，美國的一家知名製藥企業 ── 禮來公司，為了解決醫藥行業的技術難題，創辦了一個網站。任何醫藥企業都可以把自己公司在研發過程中遇到的難題釋出在這個網站上，並以眾包的方式向全世界的高手徵集答案。網站上所有的問題都是對外開放的，任何人只要註冊帳號就能看到這些問題，並可以提出解決方案。一旦你的方案被採納，你就能拿到一筆高額的獎金。該網站上線之後沒多久，就聚集了很多活躍使用者。截至 2005 年，這個網站總共吸引了來自 170 個國家的 8 萬多名不同年齡、不同階層、不同背景的使用者。

釋出在網站上的問題都不是簡單的小問題，而是那種連業內的專家都束手無策的技術難題。當時的資料顯示，網路上大概有三分之一的問題得到了解決，並且呈現出了一個規律：解決問題的人越是來自和問題

本身並不相關的領域，這個問題被解決的可能性就越大。比如，一個物理學家、一個化學家和一個分子生物學家共同來解決某個難題，就比三個化學家更容易成功。

在全世界範圍內，很多學者都研究過「個人以及組織如何取得重大突破」這個問題。有統計發現，不同領域的人針對這個問題給出的答案基本一致，那就是要同時掌握多種不同的思維方式。

人類的科技發展，在相當程度上也是由多元思維模型推動的。愛因斯坦將空間和時間概念相結合，提出了相對論；哥白尼將天文學與物理學相結合，提出了日心說；擁有化學和物理學博士學位的學者克裡克，若不是遇到了動物學博士沃森的話，DNA 分子結構到現在能否被解開還可能是個問題；馬丁‧艾伯哈德若不是一個喜歡跑車的環保主義者，也就不會有現在的特斯拉電火車。諸如此類，比比皆是，很多偉大的創新都是在不同的思維方式相互碰撞的過程中產生的。

既然多元思維模型如此重要，那麼，普通人怎樣才能培養出多元思維模型呢？在此給你以下三個建議。

第一，只學各個學科的基礎理論。

說到多元思維模型，也許有人會質疑，學好一個學科就得好幾年，我們哪有時間學那麼多？其實建立多元思維模型並不是讓你學會各個領域的全部知識，你只要掌握每個學科的基礎理論和思維方式就可以了，也就是通識的部分，所以難度並不是特別大。查理‧蒙格說：「你只要掌握八九十個模型，你就可以成為擁有智慧的人，而在這八九十個模型裡面，非常重要的也就那麼幾個。」

第二，先求精，再求廣。

多元思維模型，最好是建立在對一兩門學科足夠精深的基礎之上。當你在一個領域深耕了很多年，遇到瓶頸或者很難再有突破和進展的時候，再去搭建跨領域、跨學科的思維模型，往往會取得更好的效果。華人物理學家張首晟教授在一次公開課上講過，他每次在飛機上都會聽一門完全陌生領域的課程，由於知識之間都是有關聯的，新學到的知識很容易就被納入原有的知識體系當中。你涉足的領域越多、知識面越廣，學習新知識的速度就越快，這是一種非常幸福的體驗。

第三，問題導向，而不是學科導向。

史丹佛大學有一位教授名叫馬奇，他既是商學院的教授，又是社會學教授，還是教育學和政治學教授，因此馬奇有一個稱號——「一切學問的教授」。曾有人問他是怎麼做到的，馬奇說自己的興趣領域其實很狹窄，多數時間都只是對幾個問題感興趣，比如，人是怎麼做決策的，如何建立學習型組織，等等。可要想把這些問題搞清楚，就必須精通很多學科。

如果以學科為導向，一門一門地啃，不是不可以，但對於多數人來說，如果沒有外界的督促和回饋是很難堅持下去的。更好的辦法，就是選擇一個跟你的工作或者興趣相關的課題，成為這個課題的專家，因為一個課題通常會涉及很多領域，一旦你成為這方面的專業人士、行家裡手，自然也就學會了多個領域、不同類型的思維方式，從而建立起多元思維模型。

第五章

建立品牌最重要的不是我比競爭對手好在哪裡，而是我在哪個方面能做到第一。

——傑克·特勞特

頭部思維：

網路時代，如何打造個人 IP 和個人品牌

　　1897 年，義大利經濟學家帕雷托在對 19 世紀英國人的財富與收益模式的調查取樣當中，發現了一個規律：大部分的財富和社會影響力來自占總人口 20 的上層社會菁英，並因此提出了一個社會學概念，即「帕雷托法則」，又叫「二八定律」。後來他還發現，幾乎所有的經濟活動都服從帕雷托法則，呈現出一種冪律分布。

　　簡單來說，在任何一個領域中，大部分資源都被排名前幾位的組織或者個人占有，而且越是排名靠前，占有資源的比重就越大。通常，第一名與第二名的差距，會遠大於第二名與第三名的差距，而第二名與第三名的差距又遠大於第三名與第四名的差距，以此類推。在日常生活當中，最能展現帕雷托法則的就是品牌的頭部效應。

　　什麼是品牌的頭部效應？

　　心理學上有個概念，叫做心智空間。對於同一類產品或者服務，我們的心裡通常只能容納 1 ～ 2 個頭部品牌，當你的心智空間一旦被某個品牌占據，其他品牌就很難再擠進來了。比如，當你愛上一個人之後，其他人再怎麼向你獻殷勤，你也很難動心；早上醒來你開啟的第一個手機 App，一定是社群軟體；想查個什麼東西，第一反應就是上網 Google 一下，儘管 Yahoo 和其他的搜尋引擎做得也不錯，你卻很少使用；世界上能叫得上名字的高峰，永遠是珠穆朗瑪峰，雖然排名第二的喬戈里峰

只比聖母峰矮了 233 公尺，也仍然難以在人們的記憶中占有一席之地。據統計，頭部品牌至少能吸引 40% 的注意力，第二名大概是 20%，第三名不到 10%，剩下的總共占 30%。

頭部效應的好處在於，它能讓品牌在其所屬的行業中占據領先的位置，從而產生更大的影響力以及高額的溢價。即使是很微弱的優勢，在馬太效應的加持下，也會不斷地帶來正回饋，最終形成贏家通吃的局面。就好比將麥克風對準音響，就算很小的音量也會產生巨大的響聲。這就是為什麼行業排名第一的企業所生產的產品很容易獲得使用者的認可，而一個不知名的公司生產的同類產品即使品質更好、價格更便宜，大家也不買帳。

在某種意義上，做人和做產品並沒有本質區別，我們每個人也都在自覺或者不自覺地建立自己的個人品牌。在行動網路時代，個體價值被充分放大，任何一個普通人都可能透過建立個人品牌而成為萬物互聯時代的超級節點、超級個體。那怎樣才能算得上是一個成功的個人品牌呢？

和其他品牌一樣，個人品牌的本質，也是搶占使用者的心智空間，只要別人一有某種需求，就能第一時間想到你，那麼你的個人品牌基本就算建立起來了。比如，在職場當中，獲得最大利益的人，往往不是能力最強的，也不是工作最努力的，而是那種特徵鮮明、在自己的優勢領域做到頭部的人。這種人身上有一個隱藏的標籤，讓大家總能在某個情境中想起他，這就是個人品牌的力量。

具體來說，要想打造一個成功的個人品牌，至少要做到以下三點。

差異化

建立個人品牌的第一個原則是，你要找到一條屬於自己的賽道。通常情況下，當你進入某個領域之後，你會發現這條賽道的頭部位置早就

被人占了，很難超越。不過沒關係，你要做的並不是超過他，而是找到你們之間的差異以及自己的獨特優勢，在自己最鮮明、最突出的點上持續發力，做到頭部。

海拔 5,895 公尺的吉力馬札羅山，是非洲第一高峰，單就高度來說，它是很難跟聖母峰相比的，但它的氣候條件比聖母峰好得多，更適合攀登。聰明的非洲人憑藉這一點，為吉力馬札羅山打造了一個特殊的名號，稱它為「人類可徒步登頂的最高峰」。雖然海拔更高的山峰還有很多，但人們必須要藉助冰鎬、掛鎖、纜繩等專用裝置才有可能登頂，而吉力馬札羅山是人們徒步就能登頂的山峰中最高的。這個獨特的定位讓吉力馬札羅山聲名鵲起，成為世界各國登山愛好者的雲集之地。

結合吉力馬札羅的案例，我想請你思考一個問題，假設讓你開一家漢堡店，目標是在肯德基和麥當勞已經占盡優勢的市場中開闢一塊屬於自己的領地，你會怎麼做呢？

美國速食界的新貴 Shake Shack 交出了一份滿分答卷，Shake Shack 中文名叫「昔客堡」，他們的主打產品同樣是漢堡、薯條和奶昔，這和肯德基、麥當勞沒什麼區別。但是，昔客堡的特色在於，他們的牛肉漢堡採用的是100%無抗生素的安格斯牛肉；生菜用的是大棚裡出產的有機蔬菜；冰淇淋和牛奶用的也是綠色有機食材。此外，他們還聘請了世界頂級設計師對裝修風格和餐廳的氛圍進行了專門設計。很明顯，這家速食品牌走的是強調健康、重視體驗、引領潮流的高階路線，定位於正餐和速食之間，主打年輕人群體。昔客堡於 2015 年上市，雖然在規模、體量和品牌知名度上還不能與麥當勞、肯德基相提並論，但在健康速食領域，它無疑是全世界的領跑者。

定位理論之父傑克·特勞特曾說：「建立品牌最重要的不是我比競爭對手好在哪裡，而是我在哪個方面能做到第一。」

對於個人來說也是如此，如果你不能成為技術最好的程式工程師，那你可以提高自己的溝通和表達能力，成為最能與客戶交流、擅長跨部門合作的程式工程師；如果你不是最愛說話的銷售，那你可以成為最懂產品的銷售。類似的還有講課風格最通俗有趣的老師和具備數據分析能力的財務人員等。總之，不怕你做不好，就怕你沒特點。

標籤化

建立個人品牌的第二個原則是，要讓品牌要素保持單一、純粹和標籤化，讓人瞬間聯想、瞬間認知，當別人一看到、一聽到你的品牌名字的時候，就能馬上想到一種特質。比如，王老吉不過是一種飲料而已，可人們對它的第一反應是夏天能去火的「涼茶」；一說起 volvo 汽車，人們馬上就能想到「安全」，儘管它還有很多其他汽車品牌都具備的優勢，但它並不會刻意地去突顯那些優勢，而是始終圍繞著「安全」來做文章。

要實現品牌的標籤化，就要在它最鮮明的品質上保持專注，如果什麼都想要，那麼就可能什麼都得不到。

在現實生活中，往往越是聰明人，可支配的資源越多，眼界就越開闊，受到的誘惑也就更多，他們一旦在自己的領域獲得成就，就能在其他領域輕鬆超越低階選手，擴大自己的優勢，因此也就越來越不專注。最可憐的失敗，不是在一個戰場上輸給頂尖高手，而是在幾個戰場上同時被各領域的低階選手打敗。太多的聰明人死於不專注，專注是高手的第一護城河。

做到 10 倍好

建立個人品牌的第三個原則是，最大限度地釋放自己的潛能，開足馬力，全力衝刺。這時，你就要把目標定得高一些，不是比別人好

10%，而是要做到 10 倍好。

　　Google X 實驗室負責人阿斯特羅・泰勒講過一句近似瘋狂的話，他說：「把一件事情做到 10 倍好，其實比做到好 10%還要更容易。」

　　這話聽起來的確有些不可思議，但泰勒對此有自己的解釋，用他的話說，嘗試做一樣新東西或者更好的東西，不外乎兩種方法：「一種是在原來的基礎上進行小修、小補、小改，這樣你得到的就是 10%的改進；另一種是一開始就把目標設定為做到 10 倍好，這樣你就不得不重新開始，將原來的基礎假設、整體架構全部打破，才有可能實現。」

　　要讓馬車跑得更快，最好的辦法不是去尋找更強壯的馬，而是思考向前運動的物理學原理，找到更有效率的替代品 —— 內燃機。同樣，要想將汽車發動機的成本降到最低，就不能只對內燃機本身作出改進，而是改用電動機，只有讓汽車從燃料驅動改為電力驅動，才能從根本上解決問題。循序漸進式的進步依靠的是更多的資源、更高的成本以及更大的努力，就像把考試成績從 90 分提到 100 分，總是比從 60 分提到 80 分要難得多。而 10 倍的進步，則是建立在勇氣和創新基礎之上，是用巧勁，是打破常規，是對要素的重新組合；另外，10 倍的目標，也會逼著你用第一性原理進行更深入的思考，從而看透事物的本質規律。

　　關於如何打造個人品牌，除了以上三項原則，還需要注意一點：不要試圖一開始就在某個點上做到世界第一，或者整個行業最好的，而是要把注意力放在你能影響、能操作的賽道，最好是從身邊的環境開始做起。比如，在你的公司、部門、社群裡先做到頭部，並以此來驗證你的品牌模式，因為真正有效的策略至少會讓你在當前的環境中破局。倘若你的個人品牌在小圈子裡都做不起來，怎麼可能擁有大市場呢？

跨界思維：

快速變化的時代，如何建立多維競爭力

從小我們就被教育「幹一行，愛一行」，想要作出成績，就必須在你的本員工作上盡最大的努力，正所謂「術業有專攻」，千萬不要三心二意。

在以前那種社會發展相對緩慢、生活狀態相對穩定的環境下，這些道理還是很受用的。有一小部分人很有天賦，非常努力，再加上運氣也不錯，最終成長為某個領域的頂尖高手。

可目前對於多數人來說，要想在一個狹窄的細分領域裡做到頂尖，這種機會越來越少了。主要有兩個方面的原因。第一，無論在任何組織裡，能爬到金字塔塔尖的總歸是少數人。

一個很典型的例子，就是職場 35 歲現象。人一旦過了 35 歲，在職場上的競爭力就會斷崖式下降，通常 25 歲～ 35 歲這個年齡層是最好找工作的，年輕人不僅體力好、思維活躍、更有拚勁，還能長期出差和加班；對於企業來說，人力成本更低。而且人在年輕的時候，大多都處在職業生涯的初級階段，市場上職位缺口比較大，就業機會也多；隨著年齡的成長，合適的職位越來越少，高級職位在一個公司裡就那麼幾個，不是每一個士兵都能當上將軍。就好像下圍棋一樣，剛開始落子的地方很多，海闊天空，到處是生機，可越到後面，環境對你的制約就越大，生存空間也會越來越狹窄。

第二，現如今是一個發展迅速、變化急遽的時代，環境一變，座標系全變了，以前非常穩固的價值體系很可能瞬間就會被新的價值網路所取代。

比如，十年前的大學畢業生去銀行業個櫃員是很好的工作，而現在這個工種已經岌岌可危了。從目前的科技發展速度來看，不出十年，新技術和人工智慧會讓很多我們習以為常的工作職位徹底消失，可能你在一個職位上還沒幹幾年，這個職位甚至連同整個行業都不存在了。

基於上述兩個原因，未來我們要想獲得更好的發展，就必須改變思維方式和成長路徑。那具體該怎麼做呢？

我看過一個故事，一個名叫亞當斯的漫畫家，在成為漫畫家以前在辦公室工作了很多年，特別懂辦公室生態。後來他透過漫畫的形式幽默地展現和諷刺辦公室政治，他的作品「呆伯特系列」漫畫目前覆蓋 65 個國家，使用 25 種語言，在超過 2,000 家報紙上發表。亞當斯給年輕人的建議是，要想取得卓越的成就，可以採取以下兩種方法。

第一種方法，是把一項技能練到全世界前 5% 的水準，成為這個領域的頂尖高手。這就是我們剛才說的比較傳統的成長邏輯，像鋼琴界的郎朗、相聲界的郭德綱都屬於這種人。但是這對於大多數普通人來說非常困難，不僅需要超乎常人的勤奮，天賦和運氣同樣缺一不可。

第二種方法，是學習兩項或者多項技能，讓每一項技能都達到全世界前 25% 的水準，然後再將這些技能結合起來去做一件事，也能取得了不起的成就。以亞當斯為例，他並不是世界上畫漫畫最好的，但能達到前 25% 的水準；他也不是寫笑話寫得最好的，但同樣能達到前 25% 的水準；他更不是最懂辦公室政治的，但還是能躋身前 25% 的行列，而他把這三項技能結合在一起，透過畫幽默漫畫來展現和批判辦公室政治，這

就很少有人能做到了，在這個領域中，他就是最好的。

在我們的周圍環境當中也有很多這樣的例子。

前些年有個網紅，她原本是一家公司的普通職員，覺得工作實在沒意思就辭職了。在辭職之後的一段時間裡，她也不知道未來該幹什麼，她平時有兩個愛好：一是喜歡孩子；二是喜歡攝影。於是她就把這兩個愛好結合起來，做起了兒童攝影的生意，從早上孩子醒來開始，對孩子進行一天的跟蹤拍攝。她從周圍的朋友中獲得了第一個訂單，後來生意越做越大，到 2017 年年初，她的訂單報價就超過一萬塊錢一天了，這還得排隊才能約上。將兩個不相關的愛好結合在一起，不僅讓她獲得了更高的收入，也讓她打造出了屬於她自己的個人品牌。

古典老師在新東方給老師做培訓的時候，會專注於提升老師們五個方面的能力，分別是：專業知識、課程設計、呈現能力、個人魅力、積極心態。同樣的訓練課程，總會有少數幾個老師的成長速度遠遠超過其他老師，但這些老師並沒有比其他的老師更聰明、更勤奮，而是因為他們採用了更科學的學習路徑。

在培訓的時候，多數老師都是先把這五項技能中的一項學到 100% 的水準，然後再學習下一項技能，直到全部學完。比如，一項技能需要 10 天才能學會，那麼五項技能就需要 50 天才能學會，而那些「聰明」的老師卻不是這麼學的，他們先用其他人學習一項技能的 20% 的時間，也就是只用 2 天先把這項技能學到 80% 的水準，然後開始學習下一項技能，同樣用別人 20% 的時間學習下一項能力的 80%……這樣下來，他們只用 10 天的時間就能讓這 5 項技能都達到 80 分的水準，總分就是 400 分，而其他老師此時只有 100 分。根據新東方的制度，越是優秀的老師就越能獲得優質的教學資源，那些學得快的老師往往能取得很大的領先優勢，

等其他老師把 5 項技能都學到 100 分的時候，那些「聰明」的老師早就成為新東方的名師了。

　　人只有用兩隻眼從不同的位置、不同的角度觀察一個物體的時候，才能更精準地定位這個物體，從而產生更清晰的影像。同樣，一個人要想活得好，不僅要有自己的核心競爭力，還需要一種跨界優勢。比如，巴菲特不僅是投資家，還是企業家；貝克漢不僅球踢得很好，而且還有精心打造的商業品牌，有了更大的影響力；1984 年的洛杉磯奧運會過去很長時間了，當年我們國家的那些金牌得主們，現在你還能記住幾個人呢？猜想也只記得李寧和郎平這兩個名字，這其中一個很重要的原因就是，他們兩個都是在自己做得最好的維度之外，又開拓了一個或者多個維度。

　　這就是跨界的力量，這個道理如果用幾何概念來解釋，就更容易理解了：單個維度上，大家比的是長度；兩個維度上，大家比的是面積；三個維度上，大家比的就是體積。只在一個維度上發展，你最多拿 100 分；在兩個維度上，哪怕各自都只有 50 分，面積也就是 2,500 分了；如果有三個維度都是 50 分，那麼體積就是 125,000 分……

　　拋開個人層面，如果你去觀察商業世界，那些具有競爭力的企業大多都是在好幾個維度上開展業務的。比如，亞馬遜在電商業務的基礎上，發展出了雲端計算業務；麥當勞既做餐飲，又做房地產等等。

　　如果你只有一項獨家優勢，一旦受到外界環境的限制或者競爭對手的打壓，這個優勢可能瞬間就會喪失掉，最終導致整個系統的崩盤、全域性性的落敗。倘若你除了自己的強項，還有一兩項隱藏技能，就相當於你為自己開拓了更多維度的生存空間，而且跨界整合所帶來的優勢往往不是幾個強項做加法，而是做乘法，最終將獲得幾何級數的回報。

說到這裡，可能有的人會產生一個疑問：打造多維度的競爭力和前面我所強調的「專注」不是相互矛盾了嗎？

其實，多維度和專注並不矛盾。專注，是在策略和大方向上的專注；發展多個維度，是在戰術或者技能上的跨界混搭。比如，李小龍既練過詠春拳也練過跆拳道，可他練的都是功夫；羅大佑既能彈唱又能創作，但他始終也沒跳出流行音樂的圈子。所以，專注和多維度是一體的兩面，並不矛盾。

需要注意的是，不同維度的能力往往不是齊頭並進的，多數情況下是在一個維度上的能力達到一定高度之後很難再提升的時候，積極培養其他維度的能力，這些新的能力會對已有的優勢造成一種鞏固和加強的作用。在多個維度上提升自己的競爭力，本質上是對自己各方面的能力進行重新整合，從而形成自己的風格和優勢的過程。

總之，當我們關於一件事情已經做得不錯的時候，就要考慮自己是否還有其他方面的成長空間以及發展的可能。只有持續不斷地尋找下一個落腳點，開拓個人能力的新邊界，才能長久地在這個快速變化和錯綜複雜的生態環境中立於不敗之地。

斜槓思維：

跨界開展副業的好處不只是多一份收入

現在越來越多的人開始意識到，要想有更好的職業發展，賺取盡可能多的財富，只有一份工作是不夠的，主業之外還得搞個副業。再加上最近幾年行動網路在商業領域的基礎設施不斷完善，普通人開啟副業的門檻越來越低了，微商、網店、自媒體銷售商品總有一款適合你，很多人在副業上的收入甚至比主業還要高。

其實「副業」這種現象也不是最近才熱起來的，早些年就流行過一個類似的概念，叫做斜槓青年。其意思是，一個人在本員工作以外，同時掌握了一個或多個不同領域的知識或者技能，以至於他在填寫職務那一欄的時候，需要用「斜槓」將他的多個職務分隔開。「斜槓」這個詞首次出現在《紐約時報》專欄作家瑪西·埃爾博的一本書中，2007 年他首次提出了「斜槓效應」。

對於「斜槓」現象，近年來社會各界觀點各異、褒貶不一。贊同的觀點認為跨領域學習和發展能夠拓寬職業賽道，探索人生的多種可能，培養多維度的競爭力；反對的觀點則認為跨界往往會導致博而不專、雜而不精，什麼都會就等於什麼都不會。我個人認為很多事情並沒有絕對的好與壞、對與錯，關鍵要看適不適合自己。

下面我就來回答幾個關於跨界的問題。

為什麼要跨界？它能為我們帶來哪些好處？

跨界有以下三個好處。

第一，打破思維局限，提升認知維度。

如果常年只在一個領域裡學習和工作，就容易導致自身的知識和技能過於單一，會讓人眼界受限、思維固化。我們都知道，任何行業發展到一定程度都會遇到瓶頸，要想突破這個瓶頸往往就需要用到其他領域的學識和經驗。

近些年，電動汽車的普及改變了傳統汽車產業的格局，資本和媒體對電動汽車的追捧一直就沒斷過，那麼電動汽車最初是怎麼發明出來的呢？這就不得不提到世界上第一個電動汽車品牌──特斯拉。很多人都以為特斯拉的創始人是大名鼎鼎的鋼鐵俠埃隆·馬斯克，其實並不是，特斯拉真正的創始人是一個名叫馬丁·艾伯哈德的人。他之所以創立特斯拉，是因為他既是個跑車迷，又是一個環保主義者，所以才有了想要發明一種環保型電動汽車的想法。

總之，沒有跨領域的多元思維模型，就很難有實質性的改進和突破。

第二，如果你不喜歡現在的工作，「斜槓」會是一種很好的補充。

不是每個人都有機會找到自己喜歡的工作，而且很多人在剛開始工作的時候也並不知道自己真正的興趣和優勢在哪裡，等工作了很多年終於知道自己想要做什麼的時候，可能會因為家庭或者現實的壓力而難以轉型。在這種情況下，「斜槓」就是一個不錯的選擇，上班賺錢，下班做自己擅長和喜歡的事，如果能發展成副業，還可以有一份額外的收入。

第三，在快速變化的時代，多重技能是職業發展最好的保護傘。

當今社會最重要的特徵之一，就是發展迅速、變化飛快且難以預測，一

波新技術的出現可能讓很多就業職位從此消失。與此同時，也會帶來很多新的機會，而機會總是青睞有準備的人，提前儲備新技能不僅能夠讓你從容應對因社會發展而帶來的職業風險，還能讓你有機會抓住風口，借勢崛起。

什麼樣的人不適合跨界？

首先，是那些明確知道自己適合什麼、想要什麼、希望在一個領域裡爬上金字塔頂端的人。他們會覺得當下所從事的工作足夠博大精深，即使只做這一件事，時間和精力都不夠用。對於這樣的人來說，倒不如先專注在一個方向，等工作遇到瓶頸的時候再考慮往其他領域發展，或者尋找更合適的策略。

其次，是那些連自己的本員工作都還沒做好，就妄想透過跨界來實現彎道超車的人。這樣做的成功率是非常低的，因為當你跨界之後，你就會發現新的領域並不比之前的更容易，反而會更難。所以，最好別輕易轉場，雖然選擇比努力更重要，但不要用選擇去代替努力。

什麼樣的人跨界的成功率更高？

第一，在原來的領域已經證明自己能夠做得很出色的人。據說 Google 公司早期應徵員工的時候有一個很奇葩的規定，無論申請人有多少年的工作經驗，都要提供大學四年的成績單。對於這個硬性要求，Google 給出的解釋是，儘管大學成績不能完全反映一個人的工作能力，卻是一種責任心的展現，一個在學習上沒有責任心的人，也很難在工作上有上進心。說白了，Google 選拔人才的一個底層邏輯就是能在一個行業裡作出好成績的人，換個行業即使做得不夠好，也差不到哪裡去。

第二，對於想要跨界的領域有過硬的專業知識，或者在跨界之前，願意付出時間和精力進行系統性學習的人。

央視節目主持人張泉靈轉型做投資人的前半年，每天用十幾個小時來學習投資方面的知識；美國著名工程師富爾頓從畫家跨界到發明家的過程中，也是從頭學習了數學和機械方面的知識。在任何一個領域想要做好，都需要深入的學習和長期的累積，所以跨界並不輕鬆，不是僅僅知道一點皮毛知識，或者只是覺得自己對這方面感興趣，就能在新的領域裡實現華麗轉身的。

第三，在某個領域有著極高的天賦，但以前一直都沒發現的人。

一旦他們發現了自己在某些方面是有先天優勢的，通常會比其他人更容易成功。

第四，思想比較開放，對新事物永遠保持好奇心的人。跨界為我們開啟了一扇通往新世界的大門，如果你總是抱殘守缺，不肯走出舒適區，不去嘗試新事物，就不可能找到人生其他維度的開啟方式。

到此，想必你已經知道，以你目前的狀態到底適不適合再搞一個副業或者做理想中的「斜槓菁英」了。

以怎樣的形式實現跨界？

第一，藝術＋技術，也就是左腦與右腦相結合。

這是一種理性思維與創造性思維共同發展的模式。比如，科技工作者兼職作家，醫生兼職設計師等等。

第二，穩定收入＋興趣愛好的組合。

這種模式比較適合把新領域當作興趣愛好或者還在探索階段，其收入還不足以滿足生存需要的情況。

第三，大腦＋身體的組合。

也就是讓體力勞動和腦力勞動相結合，這樣更有助於身心的全面發展。比如，科學研究工作者同時也可以是健身教練等等。

第四，具有高度相關性的職業組合。

如果你目前的職業與其他職業有密切的相關性，也可以透過擴大職責範圍來實現跨界。比如，作家可以向編劇、講師、顧問等職業跨界；專案經理可以同時扮演產品經理和營運經理的角色；一個人既做導演又做監製等等。

最後需要強調的是，是否跨界發展應視具體情況而定，「斜槓」精神也許適合某些人，但不適合另一些人，或者在人生的某個階段適用，而在另一個階段就不適用。千萬不要盲目跟風，適合自己才是最重要的。

故事思維：

未來屬於會講故事的人，如何講出一個好故事

在人的一生當中，有許多難做的事，但是有一種方法能幫你做到，那就是 —— 學會講故事。

首先，我們透過一個思想實驗來看一下如何透過「講故事」把事做成。假設有一天你去超市買酒喝，擺在你面前的有兩種酒，這兩種酒的價格、口味、包裝都差不多，最大的區別就是包裝上寫的介紹不一樣。第一瓶酒的包裝上是這麼寫的：「這是一款用純高粱釀製而成，適用於大眾消費的健康酒，天然首選，口感好不上頭，聚會有品味，獨飲解憂愁……」；第二瓶酒的包裝上印著這樣一段話：「若干年以前，奔波霸和霸波奔兩兄弟的母親患癌症去世，兄弟倆十分悲痛，母親操勞一生，卻沒來得及過幾天享福的日子，唯一的愛好就是每天喝一點高粱釀的酒。為了紀念已故的母親，兄弟倆歷盡艱難創辦了這款酒的品牌，並且承諾，此酒每售出一瓶，將會向癌症研究基金會以及臨終關懷中心捐贈 10 塊錢。截至今年年初，他們已經捐贈了 75 萬元。您的每一次購買，都是在為社會奉獻愛心，也是為家人帶去一份健康的保障。」

你看完這兩種酒的介紹後，會買哪一種？

相信多數人都會毫不猶豫地選擇第二種，因為它講了一個好故事。

另外，故事也有助於把你的思想放進別人的腦袋裡。無論你說服的對象是下級員工、合作夥伴，還是投資人，想讓對方同意你的觀點，並且用行動來支持你，是一件非常困難的事。每當這個時候，很多管理者就開始不遺餘力地擺事實、講道理，以為對方只要聽懂了道理，就會行動起來，到最後卻發現一點用都沒有。

為什麼講道理沒用？因為道理並不能改變人的行為。幾乎每個人都知道多鍛鍊可以讓身材更好、多讀書可以改變命運的道理，可又有幾個人能長期堅持做下去呢？既然講道理沒用，那我們該怎麼辦呢？

比講道理更高級的做法就是講故事，因為故事可以驅動人的行為。仔細觀察你就會發現，幾乎所有偉大的領袖都是講故事的高手。

一個好故事為什麼具有這麼大的力量？

歷史原因

故事是人類最古老的表達方式，從人類誕生的第一天開始，在人的大腦中，就形成了能夠聽懂故事的情感系統，而能夠理解道理的邏輯系統是後來才逐漸形成的。這就是為什麼人在很小的時候並不能很好地理解邏輯，卻能聽懂故事。認知科學家馬克‧特納曾說：「故事是人類最基本的思維方式，是理性思維和理解事物的基礎，我們大部分的精力、知識和思想都是由一個個故事所組成的。」尤瓦爾‧赫拉利曾說：「幾萬年以前的智人能夠戰勝其他物種，成為世界的主宰，是因為他們有能力進行大規模的合作，而把智人團結在一起進行合作的力量，就是故事。」

在人類過往的歷史當中，存在過沒有先進技術的社會，卻未曾存在過一個不講故事的社會，人類的發展史就是講故事的歷史。

故事是最具影響力和說服力的工具

我們人類的大腦，本能地排斥那些大道理，對故事卻毫無抵抗力。比如，當你聽完一場演講，過段時間之後，這場演講的大部分內容你可能都忘了，裡面的故事你卻依然記得。曾經有人對成功的 TED 演講做過逐詞逐句的統計，發現主講人用在自我介紹上的時間在 10% 左右，用在理論推理和邏輯論證上的時間大約占 25%，剩下 65% 的時間都在講故事。

故事的力量來自它將資訊放在了某種情感化的情境之中，從而對大腦的杏仁核產生強烈的衝擊，就像猶太人所說的：「當真理赤裸著身體來到人群中的時候，所有人都害怕它，甚至不敢直視它；後來有一位名叫智慧的老人，把它請回家裡，給它做了一件叫做寓言的外衣，當它再出去的時候，所有人就都喜歡它了。」

從當今社會發展的趨勢來看，講故事的商業價值會越來越大

從個人商業價值的角度來看，講故事的能力不可或缺。比如，一個創業者能否獲得投資，個人素質和專案的潛力固然很重要，但最終起決定性作用的，是創業者的故事能否打動投資人。

總之，無論你是參加面試，還是銷售產品；無論是向上級彙報工作，還是向下級傳達目標，本質上都是在講故事。不誇張地講，未來你能講出什麼樣的故事，你就能獲得多大的成就，這個世界正在瘋狂地獎勵會講故事的人。

既然講故事的能力這麼重要，那我們怎樣才能講出一個好故事呢？

第一，故事裡一定要有情感因素。

　　首先，有沒有情感是故事與其他表達方式最重要的區別。其次，情感比道理更能激發和驅動人的行為，正如哲學家休謨所說的：「理智永遠是情緒的奴隸，一旦情緒出場，理智不是退場，就是做了情緒的幫兇。」比如，我說：「有一天，王后死了。沒過多久，國王也死了。」這就是一種敘事的表達方式。可如果我換一種說法：「有一天，王后死了，國王由於傷心過度，沒過多久也死了。」這就是一個故事。兩者之間唯一的區別，就是話術裡面有沒有包含情感因素。

　　第二，一個好故事，要像一面鏡子，能讓聽眾從故事當中看見自己。

　　很多領導者在公開場合講話的時候，都特別喜歡講自己過去的經歷，講自己曾經輝煌的歷史，這並沒有什麼不對，卻很難打動人心。為什麼呢？要知道，你自己的故事再精彩和別人又有什麼關係呢？每個人最關心的都是自己，只有當聽眾從你的故事中看見了自己的樣子，你所說的才能真正進入他的內心。

　　20 世紀美國民權運動的領袖馬丁·路德·金恩，做過一次反種族主義的演講，演講的題目叫做「I Have a Dream」，這次演講被譽為「20 世紀最著名的演講之一」。在演講當中，他說：「我有一個夢想，我希望有一天，在一座山丘上，奴隸的兒子可以和奴隸主的兒子並肩而坐，稱兄道弟。」就這麼短短的一個小故事，讓在場的每一個聽眾不僅看到了現在的自己，也看到了未來的自己。

　　第三，一個好故事要對人的行為有啟示作用。

　　聽眾聽完你講的故事，應該知道自己未來的行動方向是什麼。

　　2008 年金融危機，星巴克的業務受到嚴重影響，董事會要求創始人舒爾茨取消員工的醫療保險，以降低企業的經營成本，安全「過冬」，但

是這個要求被舒爾茨拒絕了，為了說服董事會，他講了一個自己小時候的故事。

在舒爾茨 7 歲那年，他的父親在工作中摔斷了腿，但沒有醫療保險，不僅丟掉了工作，還要自己負擔全部的醫療費用。而當時他的母親正懷著孕，無法外出工作。那段時間，舒爾茨的父母每天晚上討論的都是第二天該向誰去借錢。每當家裡的電話鈴響起的時候，因為怕是討債的，舒爾茨都說自己的父母不在家，一家人的日子過得相當艱難。當時舒爾茨年紀很小，並沒有想過自己未來會創辦一家企業，但是他有想過，如果有一天自己有能力了，一定要讓發生在自己父親身上的事情不再發生在別人身上。

當董事會提出取消員工醫療保險的時候，舒爾茨拒絕了，因為這並不符合企業的價值觀。這就是一位企業領袖用講故事的方式來告訴所有人，企業的價值觀是什麼，未來什麼事情可以做、什麼事情不能做。

第四，講故事其實是有流程和套路的。

神話學大師約瑟夫・坎貝爾用了很多年的時間收集世界各地的神話與宗教故事，並於 1949 年出版了一本書名叫《千面英雄》。他在書中寫道：「無論任何時代、任何文化、任何國家，所有神話故事的基本要素和基本邏輯都是一樣的。所以，從來就不存在什麼新故事，千百年來，人們一直在複述同一個故事。」也就是說，每個故事的內容和情節或許不盡相同，但故事的結構基本上都是差不多的。如果你對各種故事、小說進行抽絲剝繭，捋出每一個故事的基本結構和邏輯脈絡，你就會發現從《西遊記》、《三國演義》到《哈姆雷特》、《基督山恩仇記》，骨子裡都是一個套路；從《葉問》、《戰狼》到《星際大戰》、《復仇者聯盟》，本質上都是一個模式。

這個模式大致可以分成七個步驟，一個完整的好故事基本上都會全部或者部分地遵循這七步：初始人物設定 —— 出現阻礙 —— 努力並有所收穫 —— 受挫並打算放棄 —— 出現意外事件 —— 關鍵時刻的抉擇 —— 高潮和結局。

為了讓你更容易理解這七個步驟，我們以徐崢主演的電影《我不是藥神》為例，把整個故事按照這種結構梳理一遍。

（1）初始人物設定。徐崢扮演的主角程勇是一個窘迫的中年男人，靠賣保健品勉強維持生計，家裡上有老下有小，日子過得緊巴巴的，妻子還跟他離了婚。

在電影一開始，這個人的生活目標就是為了賺錢養家，外加爭奪孩子的撫養權。雖然生活不太如意，可程勇從來不做違法違規的事。鄰居看他生意慘淡，就給他介紹了一個客戶 —— 白血病人呂受益。呂受益想讓程勇幫自己從印度走私一種藥，說這是巨大的商機，一本萬利。因為走私藥是違法行為，所以程勇想都沒想就拒絕了。

出現阻礙。老爸意外摔倒，需要一大筆錢救命，程勇迫於無奈決定鋌而走險，去印度走私藥品。

努力並有所收穫。由於這種藥屬於違禁品，市場需求很大，而官方的價格又太貴，老百姓根本買不起，程勇靠走私這種藥品然後再低價賣給患者，不僅讓他自己賺了個盆滿缽滿，也讓很多患絕症的人有了活下去的希望。

受挫並打算放棄。高額的利潤導致激烈的競爭，市場上出現了同類假藥，害了很多人，遭到政府的嚴厲打擊。程勇決定就此收手，用賺來的錢開了家工廠，做起了正當買賣。

出現意外事件。朋友呂受益因為無法繼續服用這種走私藥而去世，同為病人的黃毛為了保護來之不易的藥品不幸發生車禍去世。

關鍵時刻的抉擇。一邊是遵紀守法的富足生活，一邊是朋友的離世，以及一雙雙等藥救命的病人們期待的眼神。在這種情況下，程勇下了決心，這一次不僅不賺病人的錢，甚至不惜每個月倒貼幾十萬，也要繼續走私這種藥，目的只有一個，就是讓更多的患者活下去，多救一個算一個。

高潮和結局。雖然是出於好心，但畢竟還是走私藥品，主角程勇最終還是受到了法律的制裁。程勇坐在開往看守所的警車上，路旁站滿了他幫助過的病人，他們正在舉目向他致敬。雖然面臨監禁，但是他並不後悔，因為他知道，有些東西比自己的得失更加重要。

這就是一個精彩故事的經典結構，相信你在生活中，也一定聽過、見過這樣的好故事，可以試著用上面這些方法和套路講給別人聽。最後，祝願你的整個人生也是一個好故事。

演算法思維：

你能取得多大成就，由一個公式決定

是什麼決定了一個人所能取得的成就呢？拋開運氣之類的非主觀因素不談，我們只說自己能掌握的部分。

公眾號「孤獨大腦」的作者喻穎正給出了一個公式，我個人認為還是相當可靠的。這個公式和愛因斯坦的攻勢（$E = mc^2$）非常相似：人生成就＝核心演算法 × 大量重複^2。這個公式所蘊含的道理有點像巴菲特的「滾雪球」理論：

把雪球滾大，需要兩個先決條件，首先你得有一塊很溼潤的雪，相當於核心演算法；再找到一個很長的坡，也就是大量的重複。

其實仔細想想，任何事情要想做好，基本上都符合這個套路。首先，你要找到一個行之有效並且可以大量重複的基本動作，然後持續這個動作。比如，一個作家的核心演算法，不過就是讀和寫這兩個動作，只要不斷地重複，不出幾年就能寫出好文章；減肥的核心演算法，無非就是飲食節制外加經常運動，如果長期堅持，幾個月就能見效。多數情況下，所謂「成功」，其實沒什麼祕密可言，要麼找到一件能用笨辦法重複做的聰明事，要麼找到一件能用聰明辦法重複做的笨事情。

這個道理看起來稀鬆平常，可往往越是有用的理論就越具有這樣的特點：看起來極其樸素、簡單，做起來卻非常難，持續地做更難。在這個公式裡面，有以下三個關鍵因素是需要你特別注意的。

找到屬於你的核心演算法

　　世界上任何一種事物，無論是個人、組織，還是思想理論、意識形態，不管它在外表上看起來多麼龐大、複雜，它的本質都非常簡單，都是從一個小得不能再小的「核心」發展起來的。不管面對多麼龐大複雜的事物，只要你把它從外向裡一層一層地剝開，剝到最後剝不動了，就會剩下一個很小、很堅硬的「核心」，這個「核心」就是它的核心演算法。

　　在我的書架上，有一本書叫《幾何原本》，裡面有幾百個概念、公設、公理和命題，這本書用數學思維充分展現了三維空間的精妙與神奇。很多建築學、物理學和工程學的成果，都是以幾何學為基礎的，然而這麼宏偉而又嚴謹的幾何學理論體系，其實只不過是由 5 個公設和 5 個公理推匯出來的，你說神不神奇？這 5 個公設和 5 個公理，就是幾何學的核心演算法。「股神」巴菲特幾十年來一直是價值投資的實踐者，他每年的投資收益率其實最多也就在 20% 左右，這對於很多投資家來說簡直不值一提，可他把這種投資理念堅持做了幾十年，在複利的不斷加持下，最終形成了現在的金融帝國。價值投資的理念，就是巴菲特的核心演算法。

　　而你要做的，就是找到屬於自己的核心演算法。

　　核心演算法個性化很強，即使是同一件事，對於不同的主體來說也會很不一樣。比如，大家都鍛鍊身體，也許你適合跑步，我適合游泳，她適合練瑜伽；同樣愛寫作的兩個人，可能一個擅長寫小說，一個適合寫乾貨。你到底適合什麼演算法，只有透過不斷地試錯，不斷地思考，大膽假設，小心求證，才能找到答案。

堅持執行你的核心演算法

　　如果你有幸找到了屬於自己的核心演算法，接下來要做的就是抓住它、堅持它、重複它、強化它，為這個小雪球找到一條長長的坡道，讓它能夠不斷地滾動。

　　要做到這一點並不容易，特別是在剛開始的時候，小雪球滾了很久也沒有變大的跡象，甚至會有種用石頭填海的感覺。於是很多人就開始自我懷疑：「我現在做的事，到底對不對呀，有沒有用啊……」關於這一類的現象，著名的管理學家吉姆‧柯林斯提出過一個概念，叫做「飛輪效應」。

　　假設在你面前有一個直徑 20 公尺、厚 3 公尺、重 25 噸的鐵輪，不僅質量大、體積大，而且上面長滿了鐵鏽，而你的任務就是讓這個輪子轉動起來。柯林斯說：「剛開始的時候，無論你怎麼用力推，這個鐵輪都紋絲不動。後來你想盡辦法用盡全身力氣推動鐵輪，在你不斷地堅持之下，終於，這個鐵輪稍稍動了一下，再推，又動了一下……可只要你一停下來，它也會停下來，這樣的光景是很容易讓人絕望的。」當你身邊所有的人都認為你是在做無用功的時候，你仍然沒有放棄，繼續一點一點地推動，直到輪子轉了一圈、兩圈才逐漸感覺到有了一點點慣性；然後你繼續推，一直轉到第 50 圈、第 100 圈的時候，突然在某個時刻，鐵輪開始加速轉動，它自身的質量也轉化成了一種助推力，轉速越來越快，這個時候即使你想讓它停下來，也已經很困難了。

　　很多時候，這個鐵輪就像是我們的成長、我們的事業，甚至是我們的人生。1 和 10 是數量級的差異，0 和 1 是天壤之別。

不斷重複核心演算法，美好結果自然呈現

當大量同類事物聚集在一起的時候，就會形成一種全新的、比這個事物本身更高級的物種或者現象，這個過程就是湧現。

比如，一隻螞蟻或者一隻蜜蜂的智力是很弱的，弱到幾乎可以忽略不計，可當成千上萬隻螞蟻或者蜜蜂聚在一起的時候，就會產生一種群體智慧，有組織有規範，有分工有合作，從而展現出極高的智力水準。再比如，人腦中的每一個神經元都沒有意識，可如果把數百億個神經元放在一起，讓它們產生連結，就會形成一個神經網路，從而有了意識和思考能力。這就是湧現。

讓核心演算法不斷重複，只要重複的次數足夠多，就會湧現出一個你所意想不到的結果。

多年以前，在美國的一個小鎮上，有一位母親舉辦了一個小型攝影展。展覽的主題很普通，不過就是這位母親用相機記錄下的自己孩子每天的日常點滴而已；至於攝影技術，也就是大眾水準，沒有任何過人之處。可這個攝影展在當地引起了不小的轟動，很多人都慕名參觀了這個攝影展。祕訣在哪裡呢？用相機記錄孩子的生活，這樣的照片拍一張並不難，誰都能做到，難的是每天都拍一張，一拍就是 17 年，一天都沒有間斷過。當這位媽媽把成千上萬張照片串在一起展示在大眾面前的時候，就會給人的心靈帶來一種強烈的震撼。

偉大的成就並不取決於你做的事情有多偉大、你的「核心演算法」有多高明，關鍵在於你能否不斷地重複你的演算法。倘若這位媽媽把目標設定為希望有一張照片可以入選《國家地理》雜誌，那可能是她一輩

子也無法實現的。正如巴菲特所說:「我並不試圖去跨越 7 公尺高的欄桿,我只尋找很多個能夠輕鬆跨越的 1 公尺高的欄桿。」所以,重複才是祕訣。在你不斷重複、不斷疊代的過程中,美好的結果終將呈現。因為所有的成功,都是因為找到了某種可以複製的演算法。

第六章

你根本不知道自己喜歡什麼樣的生活，直至你過上了這種生活。

—— 亨利·福特

漣漪思維：

讓每一分努力，創造指數級收益

漣漪思維也叫做「同心圓效應」，這個概念是我從吳伯凡老師那裡學到的，這個名字雖然聽上去感覺有點奇怪，卻非常形象。那究竟什麼是漣漪思維呢？

我們先來看兩個事例。第一個事例：

有一次，我聽「邏輯思維」的創始人羅振宇講，曾經有一個還沒畢業的大學生到他們公司實習，因為沒什麼工作經驗，就被安排在了客服職位，主要工作是接聽客戶的一些投訴電話之類的瑣事，內容特別枯燥乏味。但這個實習生並沒有嫌棄這份工作，每天除了完成本員工作之外，在下班之前還會對當天接到的客戶電話做一次覆盤，對客戶提出的問題進行分類整理，還把每一類問題發生時該如何解決都做了詳盡的總結和記錄。平時其他客服職位的同事遇到問題不知道該如何應對的時候，也經常拿他的這份工作總結來做參考，後來他的這份文件也就逐漸成了客服職位的工作指南和標準流程，公司甚至把它作為崗前培訓的方案。而這位實習生也因此成為公司客服部門的權威和專家，還被破格提拔為部門主管。

第二個事例：

有一位年輕的母親，在帶娃的日常生活中，不僅學習了很多育兒方面的知識，還經常把自己學到的東西分享出來，逐漸成為身邊媽媽群體

中的育兒專家。為了滿足更多媽媽朋友們的需求，她還開設了自己的粉絲專頁，在 2016 年的時候該粉絲專頁就已經是擁有 700 萬粉絲、年營業額高達 5,000 萬元的母嬰類自媒體大網紅了。

透過這兩個事例我們可以看到，這個世界上總是有這樣一些人，他們平時所做的事情跟其他人沒什麼不同，無論是做客服還是學習怎麼帶孩子，都是很普通的工作，他們最終卻獲得了超出常人很多倍的收益。如果你仔細考察他們的工作方式，研究其成功背後的底層邏輯，你就會發現這些人平時做事的時候有一個特點，就是除了解決眼前的問題、完成當下的工作之外，他們會比別人多做一點，或者做得更深入一些。

也就是說，他們會在每天例行的工作任務之外，增加一些額外的、超預期的動作，雖然這些動作並不是必需的，看起來好像是在做一些多餘的傻事，但在時間的加持下，最終卻收穫了意料之外的回報。就像往平靜的水面投下一塊石子，水面就會泛起一圈又一圈的漣漪，它們都是以小石子為中心的同心圓。從表面上看，單次行為的交易是一個小的圓，可從長期來看，它會產生一個更大的圓。比如，高手們在下棋的時候，每走一步，表面上是在應對當下的局面，但也是為下一步棋布局。也就是說，在高手的每一步棋裡面，都隱藏著一個同心圓結構。

前面我們提到的兩個事例，實習生把每天的工作總結寫下來，幾個月之後，就形成了工作手冊、標準流程；年輕的媽媽把學到的育兒知識分享出來，經過長期的累積，影響力越來越大，最終成為母嬰領域的 KOL（Key Opinion Leader，關鍵意見領袖）和知識網紅。這種思考問題的方式就叫做漣漪思維，或者同心圓效應。

把同心圓效應用到極致會出現什麼結果呢？

亞馬遜有自己的物流系統，他們的會員使用者能夠享受最慢兩天、

最快兩小時的到貨體驗。在此基礎之上，亞馬遜把他們的物流體系提高了一個維度，不僅讓這套系統為自己公司的客戶服務，還把它開放出來，為公司以外的客戶服務。在美國，即使你是一個沒有入駐亞馬遜平臺的小公司，也可以用很便宜的價格來購買和使用亞馬遜的物流服務，從而達到高效配送的目的。亞馬遜把自己的物流服務對外界開放這個動作，所花費的成本是很低的，剛開始的時候它還只是一個輔助性業務，經過幾年的疊代和發展就逐漸成為亞馬遜最重要的策略立足點和收入來源之一了。

除了物流服務之外，亞馬遜雲端遊戲的成功也展現了同心圓效應。在 2003 年的時候，由於亞馬遜的業務成長速度太快，早先研發的內部管理系統已經無法支撐公司業務的正常營運，於是他們花了兩年時間，開發了一套新系統，也就是現在的 AWS（Amazon Web Services，亞馬遜雲端遊戲平臺）的雛形。在研發的過程中，他們突然意識到獨立開發一套這樣的系統不但成本高，而且難度大、週期長，如果只是自己用，未免太可惜了，因為這種服務不僅亞馬遜需要，很多其他大大小小的公司也都用得著。因此，亞馬遜執行長貝佐斯決定，不如稍微多做一點工作，乾脆把使用權公開出來，讓它變成一個對外開放的、營利的服務。

這樣做還有一個潛在的好處，就是一旦把這些功能性的服務放到外部，就意味著這些服務被充分暴露在市場的競爭當中，會在客觀上迫使其不斷煥發出新的活力。反過來，就算這個決策最終失敗了，最差的情況也不過就是讓亞馬遜自己使用這個服務就好了。現如今，亞馬遜已經成為全世界最大的雲端遊戲營運商，而雲端遊戲業務也是亞馬遜三大支柱業務之一。

無論是物流系統還是雲端遊戲，亞馬遜讓其他公司也可以使用，並沒有做太多額外的工作，就悄悄培育出一種競爭對手無法企及的能力。在這種策略當中，就包含著一種同心圓結構，雖然當時可能看不到效果，但隨著時間的推移和資源的不斷累積，那個超出當前業務的能力終將會顯現出來，形成強大的競爭優勢。

世界著名管理學大師彼得‧杜拉克曾說：「什麼是偉大的事業？偉大的事業就是在你為一件事所付出的努力當中，至少有一半是別人看不到的，或者至少是當時看不到的。」

著名的哲學思想者納西姆‧塔勒布也提出過類似的洞見：如果做一件事情失敗了，面臨的損失是可以承受並且有下限的，而一旦成功，它所帶來的回報卻非常非常高，甚至是上不封頂的，那麼這件事就值得去做。也就是說，如果做到 100 分就夠了，可一旦你能做到 105 分，在未來就可能獲得遠遠大於當前付出的收益，那麼我們就應該為這多出來的 5 分而努力。這種思想本質上也是漣漪思維的一種展現。

面對無法預測的非線性世界，我們要在生活中不斷地創造出這種同心圓效應，然後默默地等待「黑天鵝」的到來。

產品思維：

賈伯斯留給世界最寶貴的遺產，是他的四大產品哲學

在 2019 年，新款蘋果手機可以說是網路上最熱的話題之一，雖然之前蘋果手機因為減配的問題遭到業界各種吐槽，可上市之後還是像往年一樣瞬間售罄，甚至到了一機難求的地步。

蘋果公司內部早就算準了，這點小狀況是無法撼動 iPhone 在消費者心目中的地位的。單從產品本身的角度來說，蘋果手機確實稱得上是一款偉大的產品。任何偉大產品的背後，都必定有一位偉大的設計者。蘋果手機背後的這位偉大的設計者，就是蘋果公司的創始人 —— 史蒂夫·賈伯斯。

一個人的偉大，不在於他活著的時候擁有什麼，而在於他死後為這個世界留下了什麼。偉大的人都有一個共同的特點，就是他們窮盡一生的智慧，帶領千千萬萬的普通人走出了一條從未有人走過的路，而這條路還通往光明。

說賈伯斯偉大，不僅僅是因為他曾經建立了一個市值近兆美元的商業帝國，推出了幾個現象級的產品，這些都只是表象；他對世界最大的貢獻是顛覆了人們對產品的認知，開創了一種全新的產品哲學和思維方式。人類社會自第一代蘋果手機開始，正式進入了行動網路時代。沒有賈伯斯，很難說你現在還能不能拿著手機刷影片。

賈伯斯的一生可以說充滿了傳奇色彩，不能重來，卻讓人緬懷；無法複製，卻值得借鑑。

我一直強調，向偉大的人物學習，要學習他的思想。那後輩們究竟能從這位天才創業家身上學到些什麼呢？

基於科技和人文的簡潔理念

賈伯斯曾說：「一旦做到了簡潔，你將無所不能。」

「大道至簡」是中國的老子最先提出的哲學思想，在中國歷史上傳承了幾千年。古今中外，能把這個理念發揮到極致的人並不多，賈伯斯就是其中之一。賈伯斯所說的簡潔，並不是單純地為產品做減法，而是一種基於科技和人文的簡潔理念，展現在產品、策略以及溝通等多個層面。

首先，是簡潔的產品。我們都知道蘋果的產品是沒有使用說明書的，即便是幼稚園的孩子也能抓起來就用。其實蘋果公司任何產品的內部結構和設計都是相當複雜的，只是被設計師們隱藏了起來，使用者看不到而已。他們只會把最簡單易用的操作體驗呈現給使用者，而把複雜留給自己，你用起來越簡單方便，設計師們的工作就越複雜煩瑣。

其次，是簡潔的策略。策略的簡潔也就是我們經常說的 —— 專注。當年賈伯斯重新回到蘋果公司之後，發現公司的產品太多、太雜、太亂，很多都是為了應對上層管理者或者經銷商而開發的，並不是為了使用者。於是，他所做的第一件事情就是大刀闊斧地砍掉了 90% 的業務，只留下很少的幾款產品，結果這幾款產品都成了爆品，蘋果的股價也隨之上漲。

最後，是簡潔的溝通。蘋果公司的企業文化之一就是堅持原則、敢

說真話。賈伯斯說：「與優秀自信的人合作，不用太在乎他們的自尊。如果他們的工作不合格，你能替他們做的最重要的事，就是告訴他們哪裡還不夠好，而且要說得非常清楚，要用無可置疑的方式告訴他們，你的工作不合格。」

賈伯斯要求他的員工跟他一樣敢說真話，這種「直來直去」的溝通方式避免了員工之間在解讀對方話語上浪費時間和精力，也少了很多不必要的誤解，從而降低了溝通成本，提高了工作效率。

拿來主義與借鑑式創新

「創新」一詞給人的第一感覺是，要是不發明個什麼新東西都配不上這個稱呼。其實這是對創新最大的誤解，發明創造只是創新的一種，是極少數專業人士才可能做到的。喬布斯告訴我們，創新還有另外一種，就是對已經存在的各個要素進行重新組合。

當初 iPhone1 的釋出可以說震驚了整個手機行業，因為在它身上集合了太多顛覆三觀的設計和技術，可很多人不知道的是，這些技術如果單獨拿出來看，沒有一項是蘋果公司自己發明的。比如，作為最大賣點之一的多點觸控技術，在 1980 年代就研究出來了；iPhone 螢幕所使用的金剛玻璃，是一家叫康寧的公司生產的；虛擬鍵盤技術在當時來看也有幾十年的歷史了，只是賈伯斯第一次把它用在了手機上；在軟體這一塊，iTunes 的創意最早也是來自比爾蓋茨。賈伯斯的偉大之處在於，他將最合適的技術以最巧妙的方式整合在一起，做出了一款改變世界的產品。

正如畢卡索所說：「優秀的藝術家模仿，偉大的藝術家偷竊。」追求極致的工匠精神。在我的記憶當中，「工匠精神」這個詞是在蘋果的產品

推出之後才開始流行起來的。可以說賈伯斯就是「工匠精神」這個概念最典型的代表之一。

在矽谷，人們把賈伯斯稱為科技界的「恐怖分子」。全球創新設計公司 IDEO 為蘋果公司的產品做過設計，他們的老闆回憶說：「記得有一天凌晨兩點，我接到賈伯斯的電話，以為是天大的事，結果賈伯斯問我，能不能把螺絲釘的材質由不鏽鋼換成鎳⋯⋯」請你注意這句話裡的幾個關鍵詞 ——「凌晨兩點」「螺絲釘」「鎳」，對細節硬碰硬到如此地步，也只有追求產品極致體驗的偏執狂才做得出來。

在不完美中走向卓越

李嘉誠有句名言：「一切偉大的行動和思想，都有一個微不足道的開始。」

很多時候我們不去嘗試做某件事的原因不是因為懶，而是認為自己做不好，像寫作、公眾演講、用英語對話等，要等到有一天自己的水準拿得出手了，才好意思展示在公眾面前。有這種想法的人，可能永遠也無法達到「拿得出手」的程度。

用過第一代蘋果手機的朋友，或許還記得那些匪夷所思的缺陷，比如待機時間只有一天，訊號不好，外殼相當脆弱、一摔就碎，沒有「複製貼上」功能，直到 3 年之後 iPhone4 的推出，才能在手機上進行「複製貼上」操作，以至於當時的安卓使用者是這樣諷刺蘋果手機的：「3 年後，蘋果再次掀起了手機行業的重大革命 —— 他們居然推出了『複製貼上』功能。」

任何偉大的產品或者事業都不是一上來就能做得好的，而是透過不斷試錯、不斷修正、持續疊代才逐漸走向成功的。

　　關於賈伯斯的性格，也是人們津津樂道的話題，他身上有很多標籤，諸如粗魯、偏執、傲慢、好奇、專注、熱情，等等，這些標籤堆在一起，可以證明一件事：其實賈伯斯跟我們一樣，是一個有著多重性格的普通人。但是他和普通人最大的差別在於，為了作出心目中最好的產品，可以犧牲幾乎所有的東西，如別人的情緒、自己的好惡、輿論的批評，他都可以不在意，因為他的目的只有一個，那就是作出好產品。

行銷思維：

不用幾個心理學套路，都不好意思說自己是賣貨的

眾所周知，時間、金錢、注意力是我們每一個人最寶貴的三種資源，也是各路商家殫精竭慮想要從我們身上獲得的東西。為了更高的銷售業績，商家們往往會不遺餘力地研究人的消費心理，制定各種行銷策略，從而影響消費者的購買決策。

消費心理學是心理學的一個分支，是一門研究人們在日常消費活動中心理特徵和行為規律的學問，也是消費經濟學的重要組成部分。了解人的消費心理，不僅可以讓自己的消費行為更加科學和理性，還能更深刻地洞察人心、理解商家各種銷售套路背後的邏輯。下面我就為你介紹幾個生活中比較常見的消費心理學概念。

心理帳戶

心理帳戶是芝加哥大學行為科學教授理查·塞勒提出的。什麼是心理帳戶呢？簡單地說，就是人會根據消費用途的不同，在心裡設定很多個不同類型的帳戶。比如，生活開銷帳戶、醫療健康帳戶、家庭建設帳戶、情感維繫帳戶、學習成長帳戶、休閒娛樂帳戶等。這些帳戶雖然同屬於一個大帳戶，彼此之間卻相互獨立。

至於每個帳戶裡分配多少額度，通常會因人而異。我們會不會作出

購買決策，往往不是取決於我們的總帳戶裡還有沒有錢，而是商品對應的心理帳戶還有沒有餘額。

有一次我在網路上看上了一套書，很喜歡，但上千元的價格對我來說確實不便宜，想到家裡還有很多買了卻沒來得及看的書，就果斷放棄了。幾天之後，有一位幾年沒見的老朋友回國，我請他吃飯，總共消費了兩千元，吃得很開心，我也覺得這錢花得很值。為什麼我寧願花更多的錢請朋友吃飯，也不願給自己買一套喜歡的書呢？我並沒有特別嚴重的取悅症，其實根本原因是，這兩筆錢來自不同的心理帳戶，對於當時的我來說，學習成長帳戶已經透支了，可情感維繫帳戶裡的錢還沒怎麼動過。

很多商品就是透過從客戶的一個心理帳戶跨越到另一個心理帳戶增加銷量的。比如，巧克力在經過精心包裝之後，就從生活開銷帳戶進入了情感維繫帳戶；小霸王遊戲機改名叫小霸王學習機，就從休閒娛樂帳戶跳進了學習成長帳戶；如果一個裝修方案號稱能幫你節省幾平方公尺的室內空間，你可能就會動心，因為這會讓你覺得是在買房的帳戶上省了錢，而不是在裝修房子的帳戶上花了錢；還有像電腦、手機、iPad 之類的電子消費產品。

價格錨點

價格錨點是 1992 年託奧斯基提出的概念。他認為，價格錨點通常是作為商品價格的參照物而出現的，當消費者無從判斷商品價格是否合理的時候，通常會採取兩種策略。

第一種策略是避免極端：面對多款同類商品，人們普遍不會選擇最貴或者最便宜的，而是傾向於選擇價格位於中間的商品。

第二種策略是權衡對比：當客戶看到商品價格的時候，通常會找一個類似的商品進行比較，讓自己有一個可衡量的價格標準。

講一個我買書的親身經歷。有一次我打算買一本電子書，上網一看，這本電子書有三種價格：電子版 50 元、紙本版 100 元、紙本版＋電子版 100 元，我想都沒想就買了「紙本版＋電子版」。後來我才意識到自己被套路了，那個 100 元其實是一個價格錨點，它存在的唯一目的就是讓「紙本版＋電子版」看起來很划算。你看到沒有，本來我只想買電子版的，就因為商家在我要買的商品旁邊放了一個價格錨點，就讓我把紙本版和電子版一起買了回來。

比例偏見

所謂比例偏見，是指人對價格比例或倍率的感知遠比價格的絕對數值更加敏感。

比如，同一款衣服，在一個店賣 250 元，而在另一個店只賣 200 元，你可能會為了便宜 50 元而不惜多走一段很長的路。但對於同一款高階品牌電腦來說，在一個店賣 14,999 元，在另一個店賣 14,899 元，你大機率不會因為 100 元的差價而換一個商店去購買。一根 500 元的電腦記憶體條，對於普通人來說，單獨購買的話可能還是有點貴，而當你去購買一臺價格 1 萬元的電腦的時候，銷售人員如果對你說，多加一根記憶體條才幾百元，但是能讓電腦的效能提高一倍，相信你一定會果斷地採納商家的建議。

損失厭惡

有一個很常見的心理學現象，叫做損失厭惡。其意思是，一個人在利益上遭受了損失所帶來的痛苦，比獲得同等價值的好處所帶來的快樂要多得多。研究顯示，損失給人帶來的負面感受比等量的收益所帶來的正面感受要高出 2.5 倍。

比如，你丟了 100 元的痛苦，得需要撿到 250 元才能平衡；你買的股票從 10 元漲到了 12 元，你會覺得賺了，但如果從 10 元漲到 15 元，又跌回到 13 元，你反而會覺得虧了。我們經常說「希望越大，失望就越大」其實也是這個道理。

圍繞這個心理學現象而作出的行銷策略比比皆是，如一個網路商店給商品的標價是「100 元包郵」，往往就比標價 90 元但需要買家自掏郵費更有吸引力；你去拍婚紗照，打算拍一個 20 張照片的套餐，拍完之後，銷售小姐姐通常會把 100 張毛片放在你的面前，讓你一張一張地排除，排除一張她就會在毛片上畫一個大大的叉，強化你的損失心理，最後你拿到的肯定不止 20 張照片。

目標設定

這一招在虛擬產品上用得比較多，心理學家和遊戲設計師們都知道，經常給使用者設定一個個較小的、短期內可以達到的目標，這樣更能激勵使用者繼續使用產品。

比如，Uber 平臺很多網約車司機都會給自己每天的工作任務設定一個目標，如今天賺夠 500 美元就收工。Uber 公司為了延長司機的工作時間，服務更多的使用者，就利用了司機的這個心理，制定了很多和目標

相關的策略。每當司機準備下線收工的時候，Uber 的司機端 App 就會蹦出一行提示：「你今天距離 300 美元的收入就差 20 美元了，要不要繼續？」而且那個寫著「Yes」的按鈕已經被提前選好了。

　　根據不同的人，Uber 當然也會制定不同的目標策略，對於行駛里程數較少的人，Uber 會讓你跟自己比，它會提示：「還有 10 美元你就超過昨天 100 美元的收入了，要不要繼續？」對於行駛里程數較多的人，Uber 會設定讓司機之間進行橫向比較，比如，「再行駛 20 公里，你今天的收入就超過 90％的同行了」，這就跟 360 防毒軟體幫你和別人對比開機速度一樣。

　　相關的商業案例還有很多，我們需要在生活中慢慢總結體會。但整體而言，在商業策略中加入心理學以及行為經濟學元素，早已經是商業世界的標配了，因為凡是有利潤的地方，對人的研究也是最廣泛、最深入的。作為消費者，這些策略我們可以不用，但要想不被套路，還真的不能不懂。

創新思維：

打造優秀的產品，首先要建立「系統創新思維」

產品創新，是近幾十年來各行各業一直都在倡導的精神，國家也大力提倡「大眾創業、萬眾創新」，因為無論是企業發展，還是社會進步，抑或個人成長，都離不開創新精神。

但創新行為的本質，不是重新發明創造一個新事物、新觀點、新思想，而是對已經存在的東西進行拆解，再將它的基本要素進行重新組合的過程。創新思維是一種有邏輯、有套路的思維方式。

世界上創新能力最強的國家是以色列，以色列國家創新研究院常務理事阿姆農・列瓦夫曾說：「創新是可以複製的，靈感是可以生產的。」他和合作夥伴們一起提出了著名的「系統創新思維」。

創新的定義

系統創新思維對創新是這樣定義的：創新是個體根據一定目的，運用一切已有資源，生產出新穎、有價值的成果的行為。注意這裡面有兩個關鍵詞，分別是「新穎」和「有價值」。只要滿足這兩點，就是在創新。

先說什麼是「新穎」。「新穎」並不是指其他人從來沒想到過的方案，這種情況出現的機率是非常小的，而是別人已經知道，但沒有在你

的領域中應用或者實踐過的創意。

經濟學家熊彼特從商業角度把創新行為分成以下五個大類。

第一類，產品創新，也就是創造新產品。

第二類，工藝創新，也就是創造新工藝。比如，福特公司第一次用生產線的方式生產汽車。

第三類，市場創新，也就是開拓新市場。比如，把王老吉定位成一款去火的涼茶。

第四類，要素創新，也就是納入新的生產要素。比如，特斯拉把汽車裝上了電池。

第五類，制度或者管理上的創新。比如，稻盛和夫的阿米巴管理模式等。

再說什麼是「有價值」。新奇的東西很多，任何人在任何時刻都可能會有一些與眾不同的想法，但未必都是創新。判斷一個新事物算不算創新，最重要的標準，是看它能否帶來價值增量，是不是對別人有價值。創新所帶來的「價值」包含以下三個要素：

第一，省錢。比如語音通話，省了通訊費等等。

第二，省時間。比如，使用叫車 App 出行，省了等車的時間；搜索引擎，省了查詢資訊的時間；購物網站，省了逛街的時間等等。

第三，更好的體驗。比如，3D 電影比 2D 電影有更好的體驗等等。

任何一種創新，都至少會滿足以上三要素中的一個，但如果能同時滿足兩個或者三個要素，將會創造出更大的價值。總之，創新的本質就在於「創造價值」。

創新的策略

　　絕大多數產品創新，都是基於以下五種策略制定的。第一，遷移策略。把別人的好創意、好方法直接拿過來，與自己已有的資源相結合，形成一種新的解決方案。中國海派書畫名家程十發曾說，畫中國畫，應該首先解決「古為今用」的問題，先繼承發揚民族文化遺產。在此前提下，吸收外來藝術的長處，不要拿「洋為中用」去沖掉「古為今用」。程十發這樣說也是這樣做的。他對中國畫傳統進行了系統梳理、深入解讀，得之於傳統而又區別於傳統；他學習西方藝術，不是為了用毛筆畫油畫，而是為了追求「創新」，從西方藝術中汲取可以輔助或補充中國畫發展的元素。從《神女圖》中便可看到程十發「古為今用」「洋為中用」。《神女圖》的構圖方式可以追溯到古典繪畫，程十發則將其完全轉化為自己的圖式。

　　第二，加法策略。將目前已有的兩個或多個單一的產品元素組合起來，形成新的產品。

　　1970年代初期，X射線技術和電腦技術都成熟了，諾貝爾生理學或醫學獎得主豪斯菲爾德就把這兩項技術結合在一起，發明了CT掃描器。

　　第三，減法策略。把產品中的某一個元素去掉，讓剩下的元素成為一個新的產品。比如，把有線耳機的線去掉，就有了無線耳機；把部落格文章從不限字數減少到140個字，就有了社群App；把早期功能手機中的鍵盤去掉，就有了沒有鍵盤的智慧手機；等等。不過這裡需要強調的是，刪掉的部分在產品中應當既不是最核心，也不是最無關緊要的功能。

　　第四，乘法策略。對產品的某一部分進行複製，再重新整合到產品當中。比如，寶潔公司曾經嘗試在一瓶空氣清新劑裡面放入兩種不同味

道的香水盒，將除臭劑和清新劑放在同一個瓶子裡，這樣就能交替使用。結果新產品的銷量幾乎是其他空氣清新劑的兩倍。類似的例子還有三路燈泡、多鋒刮鬍刀等。

第五，除法策略。將產品中的某一部分分解成多個要素，再用新的方式將它們重新組合。比如，盒裝牛奶是由紙盒、牛奶、不同口味的香料和吸管組成的，如果把香料和吸管組合在一起，只要用不同口味的吸管就能喝到巧克力味、草莓味的牛奶了。人們把這種吸管稱為「神奇吸管」。再比如，以前人們只有在櫃檯辦理值機手續的時候才能列印登機證，後來機場逐漸將列印登機證的職能分離了出來，就有了自助值機系統。銀行的 ATM 也屬於這種類型的創新。

創新的途徑

如果只靠某個聰明人拍腦袋想，也許偶爾能想出個好點子，但是很難長期穩定地產生新創意。真正可靠的創新途徑通常有以下三種。

第一，在某個領域持續地深耕。

創新需要靈感，但靈感不是天生就有的，而是源於在某個領域的長期累積以及持續深耕，在不斷解決小問題的過程中形成大創新，用量變帶動質變。那種沒有任何經驗，一上來就想顛覆整個行業的想法非常幼稚，沒有累積和付出就不會有真正的創新。

第二，樂於分享。

有了好的創意和想法別藏在心裡，拿出來給大家用，不僅可以幫到人，還能在別人的使用過程中獲得回饋、發現問題，在不斷的改進中獲得新創意。

第三，溝通與互動。

據說蘋果公司的食堂有一種特殊的設計，每個人從排隊到裝上飯大約需用 4 分鐘的時間，目的就是讓不同部門的員工利用排隊的時間進行溝通交流，透過不同思維方式的碰撞產生創造性的想法。

借力思維：

解決問題的鑰匙，一定不在問題產生的地方

在如今的商業環境下，無論是企業銷售產品還是個人出賣技能，凡是能賣出高價格、獲得超額壟斷利潤的，普遍有一個特點，那就是這個東西整個市場上只我一家有，在別處買不到，也就是產品和服務具有稀缺性。要想創造出這種稀缺性，通常有以下三個途徑。

社會發展的紅利

近幾十年來，隨著經濟的快速發展，每過幾年就會有一次商業風口，風口來的時候整個市場就像一片沒人收割的莊稼，只要你抓住機會，就能創造出一種暫時的稀缺資源，從而獲得高額的人口紅利。但問題是，這種狀態並不會持續很久，當別人也意識到這是個機會並且大量湧入的時候，就會把這個行業的整體利潤率拉回到市場平均水準。況且，誰也不能保證每次都能踩到風口上，這種機會可遇不可求。

利用資訊不對稱

在我小的時候，家附近有個特別大的批發市場，裡面做生意的大多是南方人，他們把南方的商品和特產運到北方來賣。那個時候沒有網路，交通又不發達，這些東西北方人很難買到，所以在那個年代做買賣

很賺錢，這一類商業的本質就是利用資訊的空間不對稱來獲利的。

日本軟銀資本的創始人孫正義有個「時光機」理論，就是把美國先進的商業模式，等到時機成熟的時候，在日本、中國、印度等發展相對滯後的國家再做一遍，從而在這些國家取得先發優勢。這種商業模式就是建立在資訊的時間不對稱基礎上的。

然而，隨著網路在全世界範圍內的廣泛普及，這兩種資訊差越來越小了，很難再有這種機會。

優化現有的產品或者業務

在創投界，有個知名投資人講過一句發人深省的話，他說，創業要想成功，就得做從來沒人做過的生意。可能會有人問，現在哪裡還有沒人做過的生意呢？他講的其實不是這個意思，所謂「從來沒人做過的生意」指的是把老生意用新模式再做一遍。比如，火鍋店到處都有，但海底撈就一家；計程車滿大街都是，但 Uber 的出現大大提升了使用者的乘車體驗和資源利用率。

現在大到國有企業，小到擺攤開店，喊的口號都是創新。因為社會發展到今天，低垂的果實基本上都已經被採摘完了，只有不斷地精耕細作、推陳出新，才能在快速變化的市場環境中取得競爭優勢。

那我們怎樣才能擁有強大的競爭優勢呢？可以運用借力思維，用交叉視角實現跨界思維和創新思維。很多時候，我們之所以覺得創新很難，往往是因為我們的思考方式被固有的思維框架限制住了，只知道用自己習以為常的邏輯去思考和解決問題。而創新就是需要你經常跳出原來的思維框架，到其他領域去尋找答案。

1870 年代，西方國家新生嬰兒的死亡率常年居高不下，這個問題一直困擾著醫學界。當時有個名叫史蒂芬‧塔尼的婦產科醫生，有一次在休假的時候來到了動物園，偶然看到飼養員正在用一種孵化器來孵化小雞，可以在相當程度上提高小雞的成活率。他突然想到，這種孵化器或許同樣適用於新生嬰兒。於是他聘請了這位飼養員，兩個人合作研製出了一種嬰兒恆溫箱。據統計，從 1950 年到 1998 年近 50 年的時間裡，這種嬰兒恆溫箱的普及讓美國新生嬰兒的死亡率降低了 75%。值得深思的是，這個困擾人類很多年的難題竟然是在動物園裡找到答案的。

到此，這個案例並沒有結束，既然嬰兒恆溫箱這麼好用，當然要向更廣泛的人群普及。可是當人們把這種嬰兒恆溫箱向一些條件比較落後、嬰兒死亡率更高的第三世界國家推廣的時候，人們發現這種裝置並沒有造成什麼作用，因為有兩個難題解決不了。一是成本太高，每臺嬰兒恆溫箱要花萬美元，很多小醫院都買不起。這還不算什麼，第二個難題更為麻煩，即這種裝置比較複雜精密，越精密的裝置往往越脆弱，落後地區電壓不穩、溼度太高，這種嬰兒恆溫箱特別容易損壞，一旦損壞，在當地很難找到專業的維修人員和維修裝置。

但這兩個問題最終還是被解決了，解決問題的人是一個叫羅森的醫生。他發現，任何一個發展中國家，都具備對汽車進行維護和修理的能力，即使其他電子裝置都用不了，也能保證讓汽車正常上路。於是，他決定用汽車上的裝置對嬰兒恆溫箱的內部結構進行改造。他用舊車的車頭聚光燈給恆溫箱供暖，用汽車儀表盤的風扇給恆溫箱通風，用汽車電瓶提供動力，用車門的蜂鳴器做報警系統，以便在裝置出問題的時候提醒醫護人員。經過一系列改裝之後的嬰兒恆溫箱，不僅製造成本低，而且只要會修汽車的人就會修，這一創新最終挽救了無數嬰兒的生命。

　　總而言之，在一個行業中無法解決的難題，也許在另一個行業早就有了答案，正等待著你去探索和發現。所以，當你翻來覆去都想不出解決方案，費了好大的勁都沒有突破和進展的時候，不妨先將問題放一放，出去走走放鬆一下心情，或者找人聊聊天，也許會有意想不到的收穫。

　　心理學上有一個發現，就是當你正在關注一件事情或者思考一個問題的時候，突然停下來把它放到一邊不去想它，或者做點別的事情轉移注意力時，其實你的大腦並沒有停止對它的思考和關注，它一直都在你大腦的後臺執行，只是你感覺不到。當你轉做其他事情的時候，可能會獲得新的靈感。

　　不知道你還記不記得，當年小學老師經常叮囑我們，考試的時候要先把卷子上所有的題目快速看一遍再開始答題。為什麼要把所有的題目先看一遍呢？做哪道題的時候再看哪道題不是更節省時間嗎？原因是卷子上的題通常越到後面越難，有的題需要思考很久，發下卷子來先過一遍，先對那些難題有個大概印象，當你在做前面簡單題的時候，大腦會同時在後臺思考那些難題，等你做到這些題的時候思路可能已經有了。這樣做可以節省思考時間，提高答題速度。

　　總之，用其他領域已經成熟的方案來解決當前領域中遇到的新問題，是一種普遍而有效的借力思維，是解決問題過程中的一種底層心法和思考邏輯。

承啟思維：

產品創新並非腦洞越大越好，好創意要先繼承再突破

在人類文明的發展程式中，出現過很多新思想、新產品、新技術，它們在推動社會進步的同時，也給我們的日常生活帶來了極大的便利。而這些新思想、新產品和新技術，普遍都有一個規律，就是它們都是基於當時的環境和條件，從某個成熟的事物當中繼承了一部分特性，同時又進一步優化和發展了這個母體。也就是說，任何事物的更新疊代，都包含繼承和發展兩個部分，二者缺一不可。

我們小時候都喜歡聽英雄故事，所以總是傾向於把一些偉大的發明創造歸功於某個英雄人物，如愛迪生發明了電燈，萊特兄弟發明了飛機等。可實際上，電燈不是愛迪生發明的，他只不過是改良了電燈；第一個造出飛機的，也並非萊特兄弟，他們只是最早嘗試飛行的人。用牛頓的話說，「我們之所以能看得更遠，是因為我們站在了巨人的肩膀上」。其實這句話的來歷也在某種程度上證明了它所要表達的觀點，因為這句話並不是牛頓的原創，而是牛頓從一個名叫喬治·赫伯特的人那裡聽說的；喬治又是從羅伯特·伯頓那裡聽來的；甚至羅伯特也不是這句話的原創者，他是引用了一位西班牙神父所說的話，這個神父的原話是：「我們都是站在巨人肩膀上的侏儒。」

由此可見，無論是愛迪生、萊特兄弟還是牛頓，他們的創新都是繼承並發展了原先已有的某個事物。

我們都知道哈根達斯原是美國的冰淇淋品牌。在剛剛進入亞洲的時候，哈根達斯如果直接宣傳自己產品的獨特賣點，民眾未必能很快接受。當時正趕上中秋節，哈根達斯專門製作了一種冰淇淋月餅作為進入亞洲市場的第一款主打產品，結果一炮打響，樹立起了良好的品牌形象。這個策略之所以成功，是因為它一方面藉助了傳統文化的力量，另一方面又豐富了人們在中秋時節的飲食體驗。

類似的案例還有很多。比如，無論哪個品牌的手機，裡面用來接打電話的 App 圖示上，都會有一個老式的座機電話圖案。

關於產品創新，美國工業設計之父雷蒙德·洛威也表達過類似的觀點。洛威曾經為殼牌石油、灰狗巴士、空軍一號等做過產品形象設計，在其職業生涯中，他幾乎以一己之力左右著 20 世紀美國人的審美觀。他的觀點可以用一個公式來表達：喜歡＝熟悉＋意外。意思是，如果你要想讓別人喜歡你的創意，裡面既要有大眾熟悉的元素，又要有出乎意料的元素。因為如果全是熟悉的內容，會很容易讓人審美疲勞；若全是新發明，又會讓人難以接受。如果你一定要做新奇、有創意的事情，最好能在其中加入一些熟悉的元素，在新奇和熟悉之間找到一個最佳的平衡點。最理想的效果，就是你的設計既要大膽創新，又要有一些人們熟悉的東西在裡面，這個原則被稱為 MAYA（Most Advanced Yet Acceptable）原則。

有人在科學研究領域做過一個實驗，實驗人員把創新程度不同的多個研究課題交給專家組評審，以便分配科學研究經費。結果在這些課題當中，打分最低的恰恰是那些觀點全新的課題，而最容易獲得經費的，是那些在已經很成熟的觀點的基礎上作出改良性創新的課題。

　　類似的現象也發生在風險投資領域。據統計，如果創業者的創業意向過於新奇和顛覆，通常投資人是不會出錢的，因為他們根本看不懂。最容易拿到融資的，是那些把已經在某個領域中被認為是可行的商業模式用到另外一個領域的專案。

　　我以前聽過一種說法，如果你想加深女伴對你的感情，可以偶爾帶她去一些比較陌生的環境，這種行為本質上也是 MAYA 原則的現實應用。MAYA 原則有點類似於「刻意練習」中「學習區」的概念。心理學家把人對外界事物的感知分為舒適區、學習區和恐慌區三個層次，無論是刻意練習，還是生活、工作、娛樂，都只有在學習區才能取得最好的效果。

　　總之，繼承是創新的基礎，任何一種創新，如果沒有建立在已經被廣泛接受的事物或者文化母體上，就難以生存，而且還要以此為基礎發掘自身的獨特性，反過來為母體賦能、優化母體，最終才能得以發展壯大。最容易被人接受和喜歡的東西，幾乎都在熟悉和新奇之間找到了微妙的平衡。

遍歷思維：

好創意未必來自聰明人的靈感，最笨的辦法往往是最好的

在產品創意這件事上，最笨的辦法往往就是最快、最好的方法。所謂最笨的方法，就是把所有可能的方案都試一遍，然後逐個排除錯誤的選項，再從失敗的回饋中不斷完善和發展自己的方案，邁著穩妥的小碎步，慢慢接近成功。

聯合利華曾經研發出一款噴霧式空氣清潔劑，產品一經推出，廣受市場歡迎，銷量非常高。這款清潔劑最精妙的地方就在於其噴嘴的設計，既美觀又好用，當然現在已經很普遍了，可當時的市場上還不曾出現過這種設計。有很多同行想知道這麼精巧的設計是出自哪位天才之手，就專門到聯合利華的工廠去參觀考察。出乎所有人意料的是，這款產品並不是來自某位專家或者天才的奇思妙想，而是大家試錯試出來的。

最開始的時候，聯合利華的工作人員總共設計了 10 款噴嘴，然後一個一個地測試，找出其中最好用的那一個；第二代產品又以第一代產品為基礎，再作出 10 種改進方案，並找出最好用的一款……就這麼疊代了 45 次之後，才演進出這種令業界驚嘆的噴嘴設計。

還有一個故事，是我最近幾年來感觸最深的故事，是畢淑敏在她的著作《恰到好處的幸福》一書中所講述的一件真事。

在很多年以前，美國的一個園林管理部門在報紙上刊登了一則資

訊，他們要面向全國徵集一種白色的金盞花。那個時候，金盞花只有金黃色和棕色兩種，很少有人見過白色的，資訊指出如果有人能提供白色的金盞花，將會得到一大筆獎金。

在某個小鎮上，住著一位老奶奶，平時沒事的時候就喜歡種一些花花草草。有一天她在報紙上偶然看到了這個資訊，就來了興致，很想嘗試一下看自己能不能種出這種白色的金盞花。她先跟自己的孩子和老伴商量了一下，結果遭到全家人的一致反對，家人說這種東西連很多專業人士都種不出來，你僅憑業餘愛好怎麼可能種得出來呢？

雖然沒有得到家人的支持，但是這位老奶奶並沒有放棄，她決定一個人去做這件事。

第一年，她在自己的花園裡撒滿了金盞花的種子，結果長出來的全都是金黃色的金盞花。在這些金黃色的金盞花裡面她找出了顏色最淺的一朵，然後把它的種子留下，剩下的花就全都不要了，任其枯萎。

第二年，她把留下的種子種下去，長出來的依然是金黃色的金盞花，但顏色普遍比去年淺了那麼一點點。她像去年一樣依然在這些花當中找到顏色最淺的一朵，留下它的種子，等來年再種。

就這樣一年又一年過去了，老奶奶的生活發生了很大的變化，丈夫已經去世，兒女們也都離開家獨自去生活了。唯一沒有改變的，是老奶奶對種植白色金盞花的堅持。

等到第二十年的時候，她的花園裡終於長出了一朵白色的金盞花，在陽光下開得鮮豔燦爛，這不是那種近似白色或者看起來很像白色的花，而是如銀如雪的純白色的花。

都過去這麼多年了，老奶奶不知道政府的園林部門是否還需要這種白色的金盞花，於是就打電話問了一下，工作人員給她的回覆是白色金

盞花還是需要的，但因為時間過去太久，獎金是不能兌現了。在掛掉電話之前，老奶奶又追問了一句：「你們還要黑色的金盞花嗎？我也能種出來……」

在這兩個案例裡面，無論是聯合利華的噴嘴設計還是老奶奶種植的白色金盞花，我認為至少有三點是特別值得我們學習的。

第一，創新行為未必是那些最聰明的人靈感乍現想出來的，很多時候最笨的辦法往往是最有效的，所以一個人是否具備創新能力，其實跟他的智力水準沒有必然的關係。

第二，如果你想要創造出一款比現有的產品更驚豔、更偉大的產品，首先你要在這個領域深耕很多年，你要對這一類產品或者這方面的業務有著深入的理解和長期的累積才行，想要一上來就做出一個好東西，基本上是不現實的。

第三，任何偉大的產品都不是一次創造出來的，要經過不斷的調整、打磨、修改、疊代才能成功。

總之，好創意未必來自聰明人的靈感，最笨的辦法往往是最好的。這就是遍歷思維的妙處。

柔道思維：

如何在商業競爭中戰勝比自己強大的對手

在激烈的競爭中，實力往往是決定勝敗的關鍵因素，多數情況下，實力強的一方勝面會更大一些，這幾乎是一個不爭的事實。但這個世界的奇妙之處就在於，凡事並沒有絕對，在幾千年的人類歷史當中，無論是在軍事、商業上，還是在賽場上，從來都不缺少以弱勝強的案例。

「以弱勝強」出現最多的地方，就是在柔道比賽當中。柔道是一項靠技術取勝的運動，哪怕你身材瘦小，只要技術運用得好，照樣可以把「大塊頭」摔倒在地。不同事物的規律在底層是相通的，柔道中的很多方法和技巧在其他領域也都是適用的。

哈佛商學院的教授大衛‧尤費對柔道這項運動進行了深入研究，並將運動員在比賽中常用的技術與商業案例相結合寫成了一本書，叫做《柔道策略》。在這本書中，他總結了以弱勝強的三個原則。

移動原則

所謂移動原則，是指在比你強大的對手面前，不要一上來就硬碰硬地跟對方正面交鋒，而是要透過不斷地移動來延緩對方的進攻，尋找對手的弱點，等待合適的時機。也就是說，在自己還很弱小的時候，要注意隱藏和保護好自己，不要過度聲張，否則就會招來對手的攻擊，讓自己處於被動的境地。

在美國的科技發展史上，出現過一家名叫「全美達」的公司，這家公司的主要業務是生產電腦晶片，競爭對手是晶片大廠英特爾。

當其他公司都在大肆宣傳自己產品的時候，全美達卻反其道而行之，採用了一種保密的運作方式：沒有官方網站，不接受任何媒體的採訪和曝光，甚至連公司的連繫方式都不對外公開。

可有意思的是，他們越是低調，業界就對他們越感興趣，也因此吸引了很多高級人才加入。

年之後，當全美達開發出更低功耗的微處理器的時候，他們才開始主動宣傳自己的產品。結果不鳴則已，一鳴驚人，全美達的微處理器功耗比英特爾低好幾倍，這使得他們的市場份額迅速擴張。

全美達高層在接受採訪時說：「如果一開始，我們就為自己的產品造勢，吸引業界的關注，那麼英特爾一定會推出同類型的產品，憑藉其強大的品牌影響力，將我們徹底壓制。」

雖然現在全美達已經與其他公司合併，但作為移動原則的成功案例，其依然值得我們學習。

無論是一家創業公司面對激烈的市場競爭，還是個人在職場上打拚，要想生存下來，就要以較低的姿態起步。當自己還弱小的時候，要等待時機、蓄勢待發，當對手發現大事不妙的時候，再想打敗你為時已晚了。

平衡原則

面對比自己強大的對手，謹慎一點是必要的，但也不能一味退縮，在防守的同時，也要保持自己的節奏與平衡，不能因為對方的強勢而自亂陣腳。

在個人或者商業競爭中，平衡原則主要是透過合作來實現的。當自己還弱小的時候，要想不被競爭對手打敗，最穩妥的辦法就是讓自己有利用價值，再透過拉攏對手或者轉移競爭的方式，讓對方有利可圖，從而使對方無視你的威脅卸下防備。

微軟公司創立初期，比爾蓋茲得知 IBM 公司想要開發一款作業系統，於是花 5 萬美元從一個叫基爾達爾的人手裡買下了 DOS（Disk Operation System，硬碟作業系統），稍作修改之後，將其更名為 MS-DOS，然後轉手就賣給了 IBM。從此微軟的作業系統就伴隨著 IBM 的電腦被賣到了全世界。由於 MS-DOS 系統的相容性做得非常好，能安裝在任何品牌的電腦上，最終成了一款世界通用的作業系統。這也為後來微軟的崛起打下了堅實的基礎。

網路剛興起的那幾年，雅虎是全世界最大的入口網站，為了提升搜尋引擎的效率和體驗，雅虎引入了 Google 的關鍵詞搜尋技術。最多不過兩三年的時間，人們登入雅虎就都是衝著 Google 搜尋去的，不再使用雅虎的其他功能。後來的事情大家都知道了，Google 如日中天，而雅虎卻逐漸走向沒落。

這就是世界執行的基本規律，多數情況下凡是一上來就要幹大事的，幾乎都不會有什麼好結果，任何一個偉大的人物或者一項偉大的事業在成功以前，都有一段在別人看不到的地方快速成長的經歷。

槓桿原則

所謂槓桿原則，簡單地說就是借力打力，將對手的優勢轉化為自己的優勢，用最小的代價撬動最多的資源，以達到四兩撥千斤的作用。

在百事可樂崛起之前，可口可樂公司一直都是美國飲料市場的統治

者。面對這個巨無霸,百事可樂採取的策略很簡單,就是加量不加價,同樣的價格,百事可樂的量比可口可樂多一倍。由於當時正處於經濟大蕭條時期,這個策略讓百事可樂銷量大增,不到 3 年,就在美國飲料市場中站穩了腳。那你可能會問,可口可樂就不會增加容量嗎?很難,可口可樂直到 22 年之後才更換了包裝。這是為什麼呢?因為當時他們有著近千家飲料瓶供應商,這些供應商在生產飲料瓶的裝置上投入了大量資金,很難在短時間之內作出改變,這導致可口可樂在這個點上只能被百事可樂打敗,一點還手的能力都沒有。因此,我們可以看到,很多大公司的規模優勢,往往是以失去靈活性為代價的。

1980 年代,瑞典的愛生雅公司推出了優質低價的尿布產品,打破了寶潔公司在同類產品中的壟斷地位。作為反擊,寶潔發出了鋪天蓋地的優惠券,試圖以低價來贏得競爭。沒想到愛生雅藉此機會宣布了一個資訊,寶潔的優惠券也可以用來購買愛生雅的尿布,這麼一來,寶潔發的優惠券越多,愛生雅的銷量就越大。

從以上移動原則、平衡原則、槓桿原則來看,柔道策略的精髓就在於不斷地尋找一個著力點,將對方的優勢轉化為自己的優勢。其實在其他領域的角逐也是如此,只要能拿出不卑不亢的態度,善用自身的優勢和長處,在任何強大的對手面前,都有取勝的可能。

風險思維：

穩定是最大的風險，愛折騰反而更安全

最近幾年，我發現職業轉型現象十分普遍。一方面，可能是因為穩定的工作越來越少了；另一方面，大多數人只有在工作了幾年之後才知道自己更適合做什麼。所以，如果你也有職業轉型的想法，請相信我，你並不孤獨。

其實無論一個人是想轉行還是想創業，大多都是因為在當下的工作中遇到了瓶頸或者碰到了天花板。有想法很正常，但究竟是選擇盡快行動還是選擇繼續觀望，還要綜合考量很多因素。

風險

在人的一生當中，所有重要的決策都會面臨比較大的風險，無論是轉行、創業，還是結婚、買房，都是如此，在作決定之前，首先要考慮的是個人的「風險偏好」。

所謂風險偏好，就是一個人對可能出現的風險有多大的承受能力。人和人的風險承受能力是很不一樣的，需要根據自身的情況作出判斷。

就拿職業轉型這件事來說，轉行不一定都能成功，失敗了怎麼辦，你有沒有應對方案？就算你轉型成功了，也很有可能在相當長的一段時間裡收入降低甚至沒有收入。如果你一個人吃飽了全家不餓，或者配偶

221

的收入足以維持家庭的支出，那麼這樣的風險對你來說就是可以承受的。即使最後沒成，大不了還可以做回原來的工作，而且這段經歷還豐富了你的人生閱歷，所以並沒有太大的損失。但是，倘若你一家人的生計全都仰賴於你目前的收入，那就要謹慎行事，畢竟家庭的責任更重要一些。

用一句話來總結，就是如果這件事徹底失敗了，你是否可以完全承受。這是評估一個人風險承受能力的重要標準。

安全感

根據馬斯洛的需求層次理論，人對安全的需求是排在第二位的，僅次於生理需求。

人總會本能地追求安全感，不僅希望自己安全，也希望自己的親人是安全的。這就是為什麼每當我們作出一個冒險的決定的時候，如辭職考研、賣房創業、離開家鄉去大城市闖蕩等，周圍總是有很多反對的聲音，因為這些事讓人一聽就感覺很沒有安全感。

但是，人在潛意識裡對「安全感」這個概念的理解經常犯兩個錯誤：一是認為不變就是安全；二是覺得只要現在是安全的，未來也一定安全。可實際情況是，你只有不斷地成長才能獲得未來的安全感，而成長卻需要你在某種程度上放棄當下的安全感。

自然界中幾乎所有的低等動物的眼睛都是長在兩側的，這樣可以讓它們全方位無死角地觀察到周圍的動向，從而能在最大程度上確保它們在當下的環境中是安全的。而有些物種卻放棄了這種安全感，讓雙眼從兩側進化到了前面，雖然有了視覺盲點，但好處是這樣它們就可以將目光聚焦在一個點上，能夠對眼前的事物進行長期、深入的觀察，也因此

它們最終進化出了大腦皮層，更新為高等動物。

對人來說也是一樣，如果一味地追求百分之百的安全感，那麼結局必然只能是被困在永恆的當下。現在社會變化太快了，新技術在不斷地衝擊傳統產業，在某些發展快速的地區，中小企業的平均壽命還不到 1 年，而全國平均則是 2.97 年。網路讓行業之間沒有了邊界，你的競爭對手和搶你職位的那個人，很可能並不是來自同一行業，而是從其他行業跳過來的。

所以，如果不積極改變思維方式，跳出舒適區，早晚會被歷史的車輪無情地碾壓。時代拋棄你的時候，連一聲再見都不會跟你說的。

職業轉行並不意味著從頭開始

一說到轉行，總是給人一種從頭開始的感覺，好不容易在老本行裡累積了 10,000 個小時，就這麼捨棄了豈不是很可惜？其實並不是。

通常，人在一個行業裡的工作能力可以分為三個層次，分別是知識、技能、才幹。

所謂知識就是行業裡的專業基礎；技能就是相關的工作方法、流程；才幹，則是在工作多年之後所形成的思維能力、洞察力、判斷力以及解決問題的能力。比如，對於掌握了一門外語的人來說，他的詞彙量就是知識，聽、說、讀、寫是技能，而學習一門外語的能力就是他的才幹。

轉行之後，才幹和底層能力是可以遷移的，是丟不了的，你只需要彌補新領域中的基礎知識和基本技能就可以了。這就是為什麼有的人在一個行業裡作出了成績，就算跳到另一個完全不相干的領域，也能成為頂尖高手。比如，對於學精一門外語的人來說，後面再學習第二種、第

三種語言的時候會感覺越來越容易。

　　日本作家大前研一是核物理學博士，後來他把做科學研究的能力用在了企業管理上，成了日本著名的管理學家和經濟評論家。

　　中國明朝大儒王陽明，本來是個讀書人，竟然也能在戰場上所向披靡，建立戰功，在用兵和軍事上取得了極高的成就。在他寫給弟子薛侃的信中，有句話是這樣說的：「破山中賊易，破心中賊難。區區剪除鼠竊，何足為異？」意思是，戰勝自己比戰勝敵人更難，雖然自我修煉和行軍打仗、剷除賊寇不同，但人性都是一樣的。如果能戰勝自己，用同樣的方法對付竊賊是綽綽有餘的。

　　雖說隔行如隔山，但不同領域的底層邏輯大多是相通的。所以無論你現在做的事情是什麼，無論喜歡、擅長與否，只要用心去做，一切努力都不會白費。相反，以混日子的心態做事，不管換到哪個行業，都注定會失敗。

第七章

一個人永遠不要靠自己一個人花 100% 的力量，而要靠 100 個人花每個人 1% 的力量。

—— 比爾蓋茲

反射思維：

人際關係的本質，是你與自己的關係

在我們的一生當中，順境和逆境總是交替出現的，相信很多人都有過這樣的境遇：當自己處於順境、邁向人生巔峰的時候，周圍的人會更喜歡你，對你笑臉相迎，跟你稱兄道弟；可一旦當你遇到挫折、陷入困境、跌入人生谷底的時候，很多朋友棄你而去了，有的甚至唯恐避之不及。

於是你開始感慨人生、懷疑人性，瞬間就變成了人性大師，像「窮在鬧市無人問，富在深山有遠親」「遇到困難才知道人性的醜惡」「人都喜歡錦上添花，卻不願雪中送炭」等句子頓時就湧上了心頭，彷彿只有你的頭頂在下雨，在這個世界上自己就是一座孤島，找不到值得信任的人。

不知道你有沒有仔細想過，當這樣的狀況發生在你身上的時候，一定都是因為別人薄情寡義嗎？還真未必。不可否認，在跟人交往時，我們都會遇到一些精緻的利己主義者，他們趨吉避凶、背信棄義，只跟對自己有益處人交往。但是你要知道，不管別人再怎麼不好，對你造成的影響都是非常有限的，你看到的世界是什麼樣子，取決於你自己。其實這個世界還是好人占多數，如果平時對你還不錯的人在你失意的時候大多對你不那麼好了，問題可能不在別人，而是出於你的消極心態。

消極心態也叫負面情緒，在剛開始的時候，可能來自你工作或者生活上的不如意，如失業、失戀、人際關係的掣肘、考試沒透過等。

　　這些負面情緒會讓你總是關注身邊人的負面行為或者動機，在這種負面情緒的驅使下，別人的一個沒有惡意的行為，都可能被你過度解讀成有意為之，這使得你對別人的態度也會變得負面；這樣的態度又會影響到你身邊的人，讓他們覺得這段時間的你很難相處，於是他們就選擇暫時疏遠甚至離開你，而你就會感到更加孤立無援，最終得出一個看起來「自洽」的結論：在你輝煌的時候，朋友聚攏在你周圍；在你落魄的時候，所有人都會遠離你。但是其實這很可能是一種錯覺。

　　人和人之間的關係有一個很微妙的地方，就是你認為對方是什麼樣的人，他就真的會成為那樣的人；同樣，不管你如何看待一件事情的好壞成敗，大機率上，這件事也將會按照你所預期的方向發展。在心理學中，這種現象叫做「羅森塔爾效應」，又叫「自我實現的預言」。

　　什麼是羅森塔爾效應？

　　1968 年，哈佛大學的心理學家羅森塔爾和雅各布森做了一個實驗。他們來到一所小學，對學生們進行智商測試。測試結束後，實驗人員根據智商的高、中、低三等，把學生分成三個組，將每個組的學生名單交給校方，並要求學校對學生和家長保密，只讓老師們知道每個學生的智商狀況。實際上，羅森塔爾和他的團隊並沒有真的做智商測試，三個組的學生都是隨機分配的。這次實驗之後，老師們普遍對「高智商」組的學生寄予厚望，經常讓他們完成一些更有挑戰性的學習任務，即使當時做得不好，也依然認為他們是很有潛力的，只不過暫時還沒能發揮出來而已。

　　時間大概過了 8 個月，羅森塔爾團隊再次來到這所學校，調查上次參加實驗的所有學生的學習成績，結果發現那些被安排在「高智商」組的學生，平均成績比另外兩個組高出一大截，而且在自信心、求知慾等

方面也更加突出。可實際上，這些學生的智商跟其他人相比並沒有過人之處。

羅森塔爾將這個現象稱為「權威性謊言」。其意思是，如果你在別人面前有一定的權威，如你是老闆、老師、家長等，那麼你認為對方是什麼水準，他們最終就會表現出什麼水準。

能夠證明這個結論的實驗不止一個。

1970 年代，有人在大學生當中做過一個相親實驗。

研究人員來到一所大學，找來一些學生，男女生各占一半，讓一個男生和一個女生為一組。男女生透過電話進行相親，男女雙方之前從未見過面，並且要求他們在相親的過程中也不能見面。

在實驗正式開始之前，實驗人員給每個男生發了一張美女的照片，告訴他們這就是你電話另一頭的相親對象，實際上這些照片都是研究人員從別處找來的。在得知自己的相親對象是個「美女」之後，這些男生在通話時的態度果然就像對待「女神」一樣。但這並不是重點，實驗人員最想知道的，是電話另一頭的女生是怎麼表現的。

而這些女生也沒讓人失望，表現得還真就像個女神似的，語氣溫和，彬彬有禮，一副善於交際、討人喜歡的樣子。

這就是人際關係中的「正回饋」，你覺得他很好，他就會像你認為的那樣表現得很好，他表現得越好，你就會更加覺得他好。

又比如，在工作中你深得老闆的信任和賞識，老闆經常給你安排一些光榮而又艱鉅的任務，還邀請你參加各種重要的高層會議。正所謂「士為知己者死」，你會因為害怕辜負老闆的這份心意而加倍努力地工作，要以實際行動來報答他的知遇之恩。最終，你就真的成了一個值得被信任、被重用的人。

當然，凡事總有兩面，如果你的態度是悲觀和負面的，也會得到「負回饋」，進入惡性循環，最終導致災難性後果。最常見的就是「自我拆臺型」人格。

什麼是「自我拆臺型」人格呢？來看一個真實的歷史事件：

《呂氏春秋》裡面有一段記載：越國的國王是個多疑的人。他有四個兒子，有奸佞在越王面前挑撥，說他的大兒子要造反。自從聽了這話以後，無論大兒子做什麼，越王都覺得是在圖謀不軌。最後，積怨成怒，他找了個藉口把大兒子給殺了。

之後又有奸臣誣陷，說越王的二兒子和三兒子也要造反，結果這兩個兒子也都被越王殺了。

當再有奸臣告訴越王，他的四兒子也要造反的時候，越王不信了，因為他就剩這麼一個兒子了，王位早晚是他的，完全沒有造反的必要。

這個四兒子卻不是這麼想的，三個哥哥的死讓他終於明白，只要有人挑唆，父親就會殺掉自己的兒子，如此下去，自己早晚也是一死。於是，他起兵造反，把越王給殺了。越王臨死時還後悔，原來這個兒子果然在蓄謀造反。他到死都沒明白，這樣的慘劇其實是他一手造成的。

過於負面的情緒、強烈的自卑感以及對未來的恐懼，往往會讓人對當前的形勢作出錯誤的判斷，從而導致當下的動作變形，或者為了防範他人而產生過度反應，使矛盾激化，以悲劇收場。人們總說「怕什麼來什麼」，本質上也是這個原因。

像越王的這種性格，就屬於「自我拆臺型」人格。類似現象在我們平時的生活中並不少見。

比如，青年男女在談戀愛的時候，如果一方心裡總是覺得自己配不上另一半，就容易變得敏感，對方一個不經意的舉動就懷疑是對自己不

忠，於是開始嚴防死守，不給對方留適當的自由和空間。可是愛情這種東西就像手抓沙子一樣，你握得越緊就越容易失去，最後還真就分手了。

很多管理者都認為，對於企業轉型，員工一定會有牴觸情緒，於是制定了各種防範措施和強制手段來迫使員工執行關於轉型的政策，結果反而遭到了更強烈的抵制。有一位商學院的教授曾經說，教科書上都寫著企業轉型非常困難，可實際上，員工對待轉型的態度，在最開始的時候都是中性的。

以上這些例子，正中了尼采所說的那句名言：「當你凝視深淵的時候，深淵也在凝視著你。」

其實人心就像水一樣，沒有固定的形態，你把它看成什麼狀態，它就會往什麼狀態「坍縮」。很多人的問題就在於，他總是將未來不一定會發生的事情，提前在現在產生矛盾。

那當我們遇到這種悲觀負面的情緒的時候該怎麼辦呢？如何才能不讓這種情緒把我們帶入惡性循環當中呢？

有一個寓言故事，也許能帶給你一些啟發：

從前有座山，山上有座廟，廟裡有一個小和尚和一個老和尚，小和尚問老和尚：「您年輕的時候都在做什麼呀？」老和尚說：「砍柴、燒水、做飯。」

小和尚又問：「那您現在開悟了，又在做什麼呀？」老和尚回答：「砍柴、燒水、做飯。」

小和尚很失望：「看來您活了一輩子也沒什麼進步啊！」老和尚笑著說：「雖然我沒有很大的成就，但進步還是有的，以前我砍柴的時候想著燒水，燒水的時候想著做飯，做飯的時候想著砍柴；現在我砍柴時就想

砍柴，燒水時就想燒水，做飯時就想做飯。」

晚清名臣曾國藩也有一個類似的心法，叫做「未來不迎，當下不亂，過往不戀」。對於可能發生但還沒有出現的問題，不要迎上去提前解決它，只專心做好眼前的事，不過度防禦；事情一旦過去，就再也不要去惋惜、後悔，或者留戀它。也就是說，只要你每次都把當下發生的事情處理好了，未來的結局在大機率上就是好的，很多潛在的矛盾會在你不斷往前走的過程中逐一被化解。

我們所生活的這個世界並不只是冷冰冰的客觀存在，而是有生命、有靈魂的，你怎樣對待它，它反過來也會怎樣對待你，雖然我們都生活在同一個時空下，但不同的人看到的世界是不一樣的。當你認為周圍開滿了鮮花，你就生活在花園裡；當你感到身邊全是無情和冷漠，你的世界就被冷漠所吞噬；當你總是提防別人會欺騙或者陷害你的時候，你就會吸引更多充滿惡意的人；當你用善意的眼光、樂觀的態度來看待每一個人、每一件事的時候，地獄也能變成天堂。

用朱莉亞‧格拉絲的話說就是：「我們最後到達的地方，實際上就是我們心中原本想要去的地方。」而我們所看到的這個世界，也不過就是我們內心世界的投影而已。

原則思維：

應對複雜的人際關係，只需要最簡單的原則

搞好人際關係，是人生中的關鍵要務之一，與身邊的人相處得如何，甚至會決定一個人的幸福指數。富蘭克林曾說：「成功的第一要素是懂得如何搞好人際關係。」特別是在工作種類不斷細化、需要更多的人協同合作才能生存和發展的當今社會，不會處理人際關係，簡直寸步難行。

可是要做到跟人長期和睦地相處，又何談何容易？古人說：「畫虎畫皮難畫骨，知人知面不知心。」羅蘭夫人也曾發出這樣的感慨：「認識的人越多，我就越喜歡狗。」可見，人性是多麼複雜難測。

我自己在處理人際關係方面曾經也是個小白，以前也羨慕過那些處事圓滑、八面玲瓏、左右逢源的人，甚至一度跟著學習模仿，可結果無異於東施效顰，不僅人際關係沒有得到改善，還把自己搞得都不會說話了。「見什麼人，說什麼話」的為人處事方式實在是讓人心力交瘁，直到後來做回真正的自己，才逐漸走上了正道。

隨著年齡的成長，經歷得多了，才慢慢總結出一個道理：無論一個事物看起來有多複雜，它的本質都是簡單的。《道德經》有言：「為學日益，為道日損。」意思是，任何領域的知識和技能都是越學越多、越學越亂的，但事物的本質和大道卻是越學越少、越學越簡單純粹的。

處理人際關係也不例外，雖然你每天都可能和形形色色的人打交

道，但只要掌握住一些簡單的原則，基本就能應對大多數人際關係中的問題，從而將盤根錯節的關係網路梳理得有序。那這些簡單的原則是什麼呢？

美國密西根大學的政治學家阿克塞爾羅德用電腦模擬過一個類似「重複性囚徒困境」的實驗。他從世界各地的頂尖程式設計高手當中徵集了 14 個電腦程式，再加上他自己編的程式，總共 15 個程式一起參與一個遊戲。在遊戲裡面，每個程式分別代表著一種「為人處世」的規則，程式和程式之間可以像人一樣相互競爭或者彼此合作。遊戲的目的是在多次博弈之後找出最有效的規則。

這 15 個程式就好像 15 個特別精明的人，在競爭與合作中不斷地循環博弈。在這場充滿信任與欺騙、忠誠與背叛的遊戲當中，最終勝出的是一個名叫波拉波特的人設計的程序。他寫的程式規則非常簡單，只有 4 行程式碼，這 4 行程式碼如下。

正直。在初次跟人打交道的時候，選擇無條件地信任對方。

誠信。答應別人的事，一定要做到，從而爭取得到更多的合作機會。

原則。如果你背叛我，那我就會懲罰你，或者以同樣的方式背叛你。

寬容。當你承認錯誤，改過自新之後，我會再次選擇信任你。

從這 4 行程式碼當中我們可以看到，作為最終的勝利者，波拉波特的程式有以下三個特徵。

你得有規則，也就是我們平時說的做人要有原則。

你的規則要簡單，要有道德、有底線。

你的規則要具有持續性和普遍性。

在這裡要特別解釋一下什麼是持續性和普遍性。所謂持續性，是指你的規則在任何時刻都適用，今天別人成功了，你對人家好；明天落魄了，你就不理人家了，這種規則就是沒有持續性的。所謂普遍性，就是這個規則對任何人都適用。舉個例子，你借了你父母的錢不還可能沒事，管其他人借錢就不能不還，所以借錢不還這個規則就不具有普遍性。

參加這場遊戲的其他程式之所以失敗，不是因為心懷鬼胎、坑蒙拐騙，就是因為欺騙和信任隨機發生，沒有規律，最終都被淘汰了。

從這個實驗當中我們可以得出一個結論，或者說我們把最終勝出的程式的三個特徵總結成一句話：面對複雜的人際關係，只要你能持續地用一種有道德、有底線的簡單規則來對待所有的人，久而久之，你就是最終的勝利者。

什麼是「持續地用一種有道德、有底線的簡單規則對待所有人」呢？

記得有一次聽羅振宇說，他們公司有一名員工，主要工作就是對即將上線的課程產品做最終的稽核，而這些課程的作者大多是在各行各業中具有很高聲望的大咖，沒有一個是得罪得起的。若是一般人，這活就沒法幹了，可是這位做稽核的老師多年來一直都堅持一個原則，就是隻對作品本身負責，不管課程的作者社會地位有多高，只要有不過關的地方，都得拿回去修改；相反，就算作者名氣不大，但是作品沒問題，照樣能透過稽核。時間長了，大家就知道他從來都是對事不對人，毫無例外。剛開始可能會有些小摩擦、不愉快，但最終這名員工反而收穫了所有人的信任，使得他幾乎跟每個作者的關係都很不錯。

面對複雜的工作環境和一群得罪不起的人，只對產品品質和工作結

果負責，這就是他的簡單規則。

　　幾年以前我聽一位投資界的前輩講，他在大學剛畢業的時候，和一位同學一起分配到了一家國資企業。單位的人際關係非常複雜，一個不留神就可能站錯了隊，他自己因為受不了這種氛圍，做不到一年就離開了。

　　而他的那位同學呢，也是個典型的理工男，沒什麼心機，從來不會巴結老闆，更不懂拉幫結派，把所有的時間和精力都放在了業務上，工作中也是對事不對人。因為他這種性格，剛來的頭幾年沒少吃虧，可是在十幾二十年之後，他卻成了這家企業職位最高的人。

　　同學聚會的時候，別人問他有什麼祕訣沒有，他說也沒什麼，就是做好自己該做的事，因為無論環境有多麼複雜，人心有多麼險惡，在工作上，業績是評價一個人的最高標準。對他來說，專心工作、對事不對人，就是他應對複雜環境的簡單規則，這個原則讓他贏得了信任。

　　要說將這個原則運用得最徹底的，還要數晚清第一名臣曾國藩。

　　很多人都知道曾國藩的智商其實並不高，能官居一品全靠勤奮，可多數人不知道的是，他的情商其實也不高。

　　曾國藩在初入官場時，因為年輕氣盛，又急於作出一番事業來證明自己，所以在處理問題的時候，態度比較強硬，手段也有些激進，因此得罪了很多人。

　　後來，曾國藩的母親去世，他回家守孝。在這段時間裡，他進行了深刻的自我反省，最終領悟到了「大柔非柔，至剛無剛」的道家思想，從此徹底完成了一次心智模式的轉變。

　　等到曾國藩復職之後，他便決定放下身段，謙卑下來，「以天下之至柔，馳騁天下之至堅」。在跟其他人一起共事的時候，他只堅持一個

原則，那就是隻看事情的結果，只要結果對了，過程中出現一些瑕疵或者紕漏也沒關係；別人做事的方式和手段，即使自己不認可，也不再過問；有人在背後使絆子，就忍著；有人捅刀子，只要沒有致命傷，也不追究，自我療癒一下就過去了。

時間一長大家就都知道，曾國藩這人就這樣，雖然毛病不少，但是人不壞，和他一起共事，只要結果是好的，就沒什麼問題。就這樣，他的信任和威望也就慢慢地建立起來了。

從曾國藩後來的為人處事當中，我們知道，只看結果就是他的簡單規則。

當面對各種複雜的人際關係的時候，為什麼要給自己設立一個能夠長期堅持並且普遍應用的簡單規則呢？因為只有這樣，才能讓別人以最短的時間、最低的成本知道你是一個什麼樣的人，以及怎麼跟你相處才是安全的。一旦你對不同的人採取不同的態度，厚此薄彼、反覆無常，就會把你的人設搞複雜，哪怕你的出發點是好的，也不免讓人時時警惕、處處提防，讓人覺得難以相處。

我聽過一句很有智慧的話，說真正懂得經營人際關係的人往往是那些對人際關係最不看重的人。這裡所說的不看重並非不重視，而是一種不刻意的態度。因為越是刻意，就越容易丟掉底線，到頭來反倒是千頭萬緒，結成死結，無法拆解。當你不那麼重視它的時候，也就不會太在意別人會怎麼想，從而越容易樹立起自己的原則。

說人際關係不好處理，其實很多時候是我們把問題搞複雜了。關於這一點，我始終都堅信：你簡單，這個世界就對你簡單。

界限思維：

珍惜友誼，一定要拿捏朋友間的界限

前段時間，有個多年沒連繫的前同事給我打電話，也沒什麼特別的事，就是最近工作不順、心情不好，想找個人聊聊天。簡單寒暄之後，緊接著就是他的一頓吐槽。

在電話裡他具體說了什麼，我現在幾乎忘得差不多了，但有一句話我依然記得很清楚。他說最讓他難受的是想要找人聊天的時候，突然發現手機裡 400 多個聯絡人，翻了半天居然找不到一個可以聽他說話的人。最後沒辦法只能矮子裡面拔將軍，這才「選中」了我。當時我心想，我怎麼這麼「幸運」呢？要是買樂透有這種運氣就好了……像他這種雖然認識很多朋友，卻找不到一個可以交心的人，同樣也是很多在大城市打拚的年輕人真實的生活寫照。

科技的進步以及網路、大數據、人工智慧的發展正在不斷打破人們的社交界限，讓交際圈子更加廣泛、豐富和多樣化。與此同時，也使得人與人之間的長期交往和深度交流變得越來越難。「朋友」這種東西，成了一種稀缺資源，而所謂人脈，也遠遠不是微信好友的數量所能夠定義的。根據鄧巴係數，我們每個人穩定社交人數的上限是 148 人，這是人類智力所能達到的極限。然而在實際生活中，絕大多數人的穩定社交人數遠遠達不到這個數字，不誇張地講，你身邊能有三五個能談心的朋友，就很不錯了。

人生苦短，命運多舛，能認識多少人，要看緣分，能結交多少朋友，還得看你的人品和為人處事的水準。有些看似牢不可破的關係，其實是相當脆弱的，建立關係也許需要很長的時間，可要毀掉它，一兩件事就足夠了。

如果你不想失去你為數不多的朋友，一定要樹立朋友間交往的界限思維。尤其是以下這三件事，需要你三思而後行。

商業合作

在現如今的社會環境下，只靠個人的力量是很難做成事情的，特別是想要創業做生意的時候，找幾個志同道合、三觀一致的朋友一起合作，是再正常不過的事了。然而會發生一些可悲的事，如在剛開始的時候，大家都喜歡談理想、講情懷，到後來真把事做成了，產生巨大利益的時候，創始人之間常常會因為利益分配的問題而產生分歧和矛盾。當然，也有更壞的結果：事沒做成，朋友也沒了。親戚朋友之間合夥會出現這樣的場景：前期同心同德，中期同床異夢，後期同室操戈，最終同歸於盡。

古今中外，為什麼有些人可以同甘卻不能共苦呢？這可不是一句簡單的「人性的貪婪」就能解釋的。在心理學中，有一種現象叫做聚光燈效應。

有心理學家對很多對夫妻做過一項調查，分別詢問夫妻雙方，在家的時候各自承擔多大比例的家務勞動。結果顯示，每一對夫妻的比例之和都大於100%，有的是120%，有的會更多。這項研究得出一個結論，在任何合作體當中，每個人都會因為對「自我」的聚焦，高估或者誇大自己的貢獻和感受，同時會低估或者漠視別人的貢獻和感受。夫妻尚且

如此，更何況朋友之間。在一個團隊中，如果每個合夥人都高估自己的貢獻，那麼因為利益分配而產生矛盾就是必然的結果。

當然也有例外，李嘉誠曾說：「在與別人合作的時候，如果拿七分合理，八分也可以，那我只拿六分。」沒有這種胸懷，就別跟要好的朋友合夥做事了。如果非合作不可，那就一定要在最開始的時候把未來可能產生的收益和損失，以及相應的分配機制講清楚，最好落實到紙面上。很多人就是因為沒能做到這一點，覺得事情還沒做就談錢談利益，實在太傷感情。其實恰恰相反，只有把醜話說在前頭，才能更好地保護自己和其他團隊成員的利益，讓團隊的合作事業走得更遠。

相互借貸

莎士比亞在《哈姆雷特》中寫道：「不要向別人借錢，那將使你失去節儉的習慣；更不要借錢給別人，因為你不僅會失去本金，也會失去朋友。」

現如今網路貸款和辦理信用卡的管道越來越多，也越來越便捷，使得朋友之間借錢的現象比以前少多了，但還是會有。如果你珍惜你的朋友，就要盡可能地減少經濟上的往來，很多關係的破裂都是因為借錢不還導致的。對於借錢這種事，有一個亙古不變的鐵律就是，經常借錢的人，大機率是不會還錢的。

為什麼？

因為「借錢」這個動作，本質上是和「不自律」畫等號的。你想，除非發生意外，一個人如果經常借錢，那就表明他的財務狀況是很糟糕的，一個連自己的財務都管理不好的人，又何談「自律」呢？相反，「還錢」這個動作卻是需要「自律」才能辦到的。前面講過一個心理學現

象，叫做損失厭惡。意思是你獲得一樣東西所帶來的快樂，遠遠低於失去它而感受到的痛苦。也就是說，還錢的痛苦要比借到錢時的快樂大得多，這是由人的本能決定的，跟道德、人品完全沒關係。所以，要完成「還錢」這個動作，就必須用足夠強大的「自律」才能戰勝這種本能，去承受損失厭惡的痛苦。

由此可見，一旦借貸情況發生，無論最後的結果是對方欠債一直沒還，還是經過你多次催促之後還給你了，都會傷害你們之間的感情。

所以，除非特別原因，不要隨意借錢給朋友，如果實在不好意思不借，可以根據對方的信用借出一筆，但必須是自己的生活不受影響，即使對方不還也能承受的金額。如果對方真的沒還，下次就不要再借了。同時要嚴格約束自己，盡量不要向朋友借錢，這不僅是把自己的財務危機轉嫁給別人，也是在告訴對方你是一個管不好自己的人。

輕諾寡信

熟人之間平時免不了相互幫襯一把，當朋友有求於你，又是在你能力範圍之內的事情，能幫忙當然最好，可如果你做不到或者不想做，就要勇於拒絕，並且越果斷越好。

果斷拒絕的好處在於，對方如果早知道你做不了，會想其他辦法或者找別人做，不耽誤事。時間長了，別人也就知道你能力的邊界在哪裡，你的原則是什麼，什麼事可以找你、什麼事不該找你。可有的人就是因為礙於面子，明知道自己做不到、有難處，卻還是因為怕傷了關係而答應下來，結果拖了很長時間也沒結果，最後不僅面子沒找回來，還把別人的事給耽誤了，搞得雙方都不愉快。永遠記住一句話，拒絕別人並不丟臉，答應了不去做或者沒做到才真的丟臉。幫人不在於次數多，

而在於成功率要高。

面對別人的訴求，即使自己能做到，在承諾之前也最好留一個充分考慮的時間，因為很多事情看起來容易，可真到做的時候，你會發現那個難度遠遠超出了自己的能力。下面說一件我親身經歷的事情。

幾年前我參加過一個公益組織活動，當時參加活動的人不少，有幾個人跟我一樣也是程式工程師出身。大家合計了一下，既然都是同行，那不如趁這個機會一起做一些有意義的事，就打算為傷殘兒童救助中心開發一個募捐網站，難度不大，但需要占用一些業餘時間。在奉獻精神的驅使下，每個人都很熱情，於是立刻開始做規劃，分配任務，制定工作進度。

等到一個月之後該交作業的時候，有兩個人一直沒動靜，多次詢問之後才知道他們居然還沒開始動手做。其實我很能理解他們的難處，搞軟體開發的人平時經常加班，很難有空閒時間再做其他專案，可即便如此，我還是在心裡把這兩個人給拉黑了。他們的問題在於，作決定之前，沒有對自己的時間和精力作出合理的評估，因為自己的失誤而影響了整個團隊的進度。更過分的是，他們沒有提出任何補救措施和替代方案。很多事情就是這樣，你能做、你會做，並不代表你能做好、你能做成。

如果事情做到一半，才發現自己根本沒有能力履行承諾，那就一定要主動做好善後工作。

羅永浩在做手機那幾年，曾接受羅振宇的邀請，在得到 App 上開設了一門以創業為主題的專欄課程。我當時怎麼也想不通，作為一家大型科技公司的創始人，他怎麼可能擠出時間每天都更新一篇專欄文章呢？

後來不出所料，到第四個月的時候，羅永浩果然堅持不下去了，因

為實在忙不過來。以羅振宇的作風，是絕不允許這種事情發生的。當時我很好奇兩個人會不會就此鬧翻，然而事實上並沒有。

因為羅永浩的善後工作做得特別到位，不僅誠懇道歉、全額退款，還自己掏錢給每個購買專欄的使用者多退了 50 元錢。這些使用者相當於白聽了 4 個月的課，還額外獲得了 50 元的賠款。事情做到這個份上，所有人除了愉快地表示理解之外，還能說什麼呢？

比爾蓋茲說：「成功的祕訣，是把別人的鞋子穿在自己的腳上。」這句話用在人際關係上特別合適，雖然每個人有不同的性格特點，但人性是永遠不變的，只有在堅持原則的基礎上不斷地換位思考，懂得體恤別人的難處與不易，將心比心，感同身受，這樣才能廣結良緣，維護好各方面的人際關係。

類聚思維：

擇偶的底層規律是什麼，大數據告訴你答案

如何選擇合適的終身伴侶，是每一個未婚男女都特別關心的問題，也是經常被熱烈討論的話題。

當我們看到周圍人的婚姻中男女雙方總是在某些方面存在著不小的差距，就會認為兩個人越互補就越適合結婚；

當我們聽說家庭背景不同的夫妻離了婚或者經常吵架，就會得出結論：結婚對象一定要找門當戶對的，否則日子根本沒法過；

當有一天「公主」拋棄了「青蛙」，或者「王子」甩掉了「灰姑娘」，也會讓我們唏噓感嘆，原來男人還是看臉，女人還是愛錢啊……

這些結論是否可信，不能僅憑肉眼所見或者道聽塗說來判定，要想得到相對客觀的結論，找到婚戀關係的底層規律，案例的樣本數量得足夠大才行。社會學家和心理學家在對戀愛中男女雙方的擇偶觀進行了大量調研之後，得出了下三個統計結論。

第一，互補性的確存在，但相似的人更有可能走到一起。

艾奧瓦大學教授羅珊紅和伊娃‧克洛男對將近 300 對夫婦進行了走訪調查，發現夫妻雙方在各方面越是相似，婚姻滿意度就越高。這裡說的「相似」，不是因為長期生活在一起而逐漸形成的，而是他們一開始就很相似。也就是說，所謂「夫妻相」並不是源於長期的共同生活，而是來自最初的選擇。

對 202 對情侶的調查結果顯示，他們當中有一半人最終選擇分手，分手的情侶們彼此在很多方面存在著較大的差異，如宗教信仰、價值主張、性格特徵等。

進化心理學家戴維·巴斯發現，無論是在未婚情侶當中還是在新婚夫婦當中，相似的人更有可能走到一起。比如，外向的人找外向的人，隨和的人找隨和的人，成熟的人找成熟的人，開放的人找開放的人等等。

雖然相似的人更有可能在一起，但並不是說「互補」就一定不好，只是側重點不同而已，最好的結果是男女雙方在價值觀和性格上相似、在能力上互補。

第二，門當戶對是應該的，但並不是物質上的門當戶對。

由相似性而導致的門當戶對效應確實存在，但並不是家庭條件、經濟狀況、社會地位上的門當戶對，而是在價值觀、品格、學識、能力、眼界、認知上的旗鼓相當。簡單來說，就是一種精神上的門當戶對。

中國古代的婚姻特別講究門當戶對，那這個觀念到現在還適用嗎？關於這個問題可謂眾說紛紜，有兩種比較極端的觀點：一種認為門當戶對是舊社會的封建思想，不適合現代社會，年輕人找對象彼此看對眼談得來就行，家庭條件不應該成為自由戀愛的枷鎖；另一種觀點則是有些人在經歷了失敗的婚姻或者戀愛，被現實毒打過之後，發現找對象只看人品太片面了，原來老一輩人所講的「門當戶對」才是正確的婚姻觀。

這兩種觀點哪個對呢？先彆著急下結論，要回答這個問題，我們先要知道為什麼以前人們一說到婚姻，總是特別強調要門當戶對。因為在過去，教育資源是極其稀缺和匱乏的，只有有錢人家的孩子才上得起學、讀得起書，如果窮人和富人結婚，就會出現夫妻雙方因為受教育程度不同而導致的價值觀、思想、眼界、認知上的巨大差異，很難愉快地

生活下去。因此，所謂門當戶對，本質上是因為物質條件的對等而形成的精神層面的般配。物質只是表象，精神才是本質。

但現代社會跟以前不一樣了，教育已經在整個社會得到廣泛普及，窮人也上得起學了，有的人雖然家庭條件不算好，但透過自身的努力學習也能成長為一流人才。所以對於現代人來說，物質上是不是門當戶對，並不能決定兩個人在精神層面是否在同一個高度。由此我們可以得出結論，現代人談戀愛結婚要不要講門當戶對呢？要講，但主要在於精神層面，物質條件只能作為參考。

精神上的門當戶對之所以重要，是因為這意味著兩個人在人生目標以及生活中的重大決策上更容易達成一致，就算出現矛盾和分歧，也相對容易和解。正如夏洛蒂·勃朗特說：「愛是一場博弈，必須保持永遠與對方不分伯仲、勢均力敵，方能長此以往地相依相惜。因為過強的對手讓人疲憊，太弱的對手令人厭倦。」

第三，相比外貌和財富，雙方更看重性格。

一說到情感方面的話題，相信你一定聽過類似下面這樣的論調：

在這個現實的社會裡，已經沒有真正的愛情了；

在美色和金錢面前，愛情就是個幌子；

無論哪個年齡層的男人，都喜歡 25 歲左右的女孩；

多數女人寧願坐在跑車上哭，也不願坐在腳踏車上笑。

該怎麼解釋這些說法和現象呢？

社會的確有非常現實的一面，金錢、美貌等外在條件如今已經成為男女雙方擇偶時重要的考量標準，但我們並不能就此簡單地把問題的原因歸結為現代人的道德下滑了。其實這些現象在相當程度上都是由自然選擇和人類遺傳基因導致的。

　　進化心理學家戴維·巴斯曾針對 37 個不同地區、不同國家、不同種族和文化的人群做過一次調研，收集了 10037 個樣本，最終得出一個結論，男人和女人在擇偶時有一個普遍存在的傾向：男人更看重女人的生育能力，女人更看重男人的經濟狀況。

　　巴斯對這一現象的解釋是，人類擇偶的終極目的是種族繁衍，把自己的基因傳承下去，而男人和女人為了達到這一目的會面臨不同的挑戰。

　　男人要和生育能力強的女人結婚，才更有可能生下健康的孩子，25 歲左右的年齡是女性生育能力達到巔峰的時期，而長得漂亮也是健康基因的外部特徵，也與生育能力息息相關。因此，男人就會本能地喜歡年輕貌美的女子。

　　對於女人來說，在生孩子這件事上投入的成本比男人大得多，不僅要懷胎十月，分娩的時候還可能會有生命危險；就算順利地生下了孩子，產後還要用大約一年的時間哺育嬰兒，以至於無法正常工作，沒有獨立的經濟來源。所以，女性在選擇配偶的時候會更加謹慎，自我保護的憂患意識迫使她們更傾向於選擇那些擁有更多資源、經濟能力更強、在她們生下孩子之後具有撫養能力的男性。

　　講到這裡，我們似乎更加佐證了擇偶時男人看重外貌、女人愛慕財富這個結論，但需要特別注意的是，這只不過是男女雙方在擇偶時的一種傾向而已，這種傾向在真正做決定的時候並不占主導地位。心理學家巴斯的實驗只考察了男女之間的差異，其實男女雙方還有一個共性，就是對彼此「性格」的看重程度要遠遠高於其他因素。也就是說，無論是男人還是女人，雖然他們各自有不同的擇偶傾向，但是在多數情況下，到真正決定跟誰結婚的時候，性格才是他們最重要的考量因素。

　　社會學家弗萊切也發現了這個現象，當財富、地位、長相、年齡與性格相衝突的時候，大部分男女都會優先選擇性格更加適合自己的人做配偶。

　　所以，如果你不具備容貌、財富等方面的優勢，並不表示你一定會在擇偶的競爭中處於下風，因為你還可以打造另一項優勢，那就是培養自己的性格。

弱聯思維：

真正幫到你的人，往往都跟你不熟

自古以來，中國人特別看重關係和人脈，老話經常講，「朝廷有人好做官，廚房有人好吃飯」「在家靠父母，出門靠朋友」「多個朋友多條路」等。就連成功學大師卡內基也曾說：「一個人的成功，只有 15% 靠個人能力，剩下的 85% 全靠人際關係。」

以前，別人一跟我提人脈，我就特別鬱悶，現在我基本上不會太在意這件事了，因為在當今社會，人們口中所謂「人脈」的影響力正在弱化。當然，我並不是說人際關係不重要，如今人際關係依然很重要，只是它的形態以及起作用的方式正在發生改變，像那種需要努力維持才能存在的「強關係」，將會被不需要刻意維護就能獲得的「弱關係」所取代。

什麼是「強關係」和「弱關係」

著名社會學家、史丹佛大學人文與社會科學學院教授馬克·格蘭諾維特，根據人與人之間在情感方面的親密度以及彼此之間的聯結強度，把人際關係分成兩種，一種是強關係，另一種是弱關係。

所謂強關係，就是那種彼此特別要好、知根知底，或者經常連繫、互動的關係。比如，家人、親戚、朋友，或者一起念書、一起當兵的

人。強關係主要靠情感來維繫。

而弱關係是那種雖然我們都屬於某個共同的群體，但彼此之間並不熟悉，有的甚至連面都沒見過，是在某種社會規則的約束下偶爾產生連線或者互動的關係。比如，在同一個社群裡的網友，喜歡同一個偶像的粉絲，不在同一個部門的同事，等等。弱關係主要靠契約來維繫。

平時我們一說到交朋友，有一個被普遍接受的觀點就是，品質比數量更重要。其實未必，關鍵還要看你交友的目的是什麼，倘若只是單純地為了惺惺相惜，「海內存知己，天涯若比鄰」，一個知心夥伴確實遠遠好過十個狐朋狗友；可如果你經營人際關係的目的比較功利，以未來有一天能用得上為目的，那還是數量多的「弱關係」更有優勢。

「弱關係」比「強關係」更有用

1970 年代，格蘭諾維特在波士頓附近的區域調查了 100 個不同職業的人，其中有 54 人是透過個人關係找到工作的。但是這些「個人關係」中，只有 16.7% 是每週至少能見兩次面的強關係，其他都是很少見面，甚至一年也見不了一次面的弱關係。

2012 年，Facebook 的數據團隊開展了一項研究，想知道人們在社交網路上閱讀和瀏覽的各種資訊當中，從哪些途徑獲得的資訊更有價值，研究人員將收藏轉發率作為衡量資訊價值高低的一項關鍵指標。

研究結果表明，從弱關係那裡得到資訊後收藏或者轉發的機率，是強關係的 1.5 倍。但是這並不能說明，從弱關係上獲得的資訊品質就比強關係高 1.5 倍，因為從強關係獲得的數據遠比弱關係多得多，如果把這個數量的差異也考慮進去，進行加權平均之後發現，來自弱關係的資訊品質比強關係要高出很多很多倍。

社會學家呂夫訪問過 766 名創業者，得到了這樣一組數據：38％的創業想法是從家人、朋友這種強關係中獲得的；52％受到客戶、合作夥伴、資訊媒體之類的弱關係的啟發。如果公司的資訊網路是由弱關係構成，那麼產品的創新能力將會提升 1.5 倍。風險投資的對象越是強關係，成功的機率越低，如果投資的對象是你合作過的同事，投資成功率會降低 18％；如果是同學，則會降低 22％；如果是親戚，則會降低 25％。

為什麼弱關係比強關係更有用呢？

因為從本質上說，在人際關係中，價值最大的部分不是「人」，而是「資訊」。說白了，「朋友」這種關係，給你帶來的最大好處，不是他能幫你做什麼，而是他能帶給你什麼品質的資訊，是不是能改變你看世界的角度，或者讓你有更高維的眼界和思維方式。

跟你是強關係的那些人，大多和你是同一類型、同一階層的人，他知道的東西你都知道，你知道的事情他也知道，相互之間很難造成消除資訊不對稱的作用；可弱關係就不一樣了，形形色色的人都有，彼此之間的差別也比較大，獲得有用資訊的機率也就更高。

弱關係最厲害的地方在於，它是一個跨圈層的關系網路

2010 年，有 3 個美國研究員想知道一個人的財富狀況與他的人脈網路之間有沒有關係、有什麼樣的關係，於是他們找來了全美國 2005 年所有的通話紀錄，在進行了大量分析和統計之後發現，一個人在財富榜上的排名跟人脈的多樣性之間的相關係數為 0.78。也就是說，越是富有的人，就越會跟不同類型的人交往。

這就是弱關係的力量，與強關係相比，一個人的弱關係往往對自身的影響更加深遠。

那強關係是不是就沒用了呢？也不是，強關係依然有用，只不過它發揮作用的方式正在發生變化。強關係最大的作用在於情感上的依託以及精神上的慰藉。

比如，平淡的生活中免不了遇到不順的事，讓你感到鬱悶、迷茫、無助，單靠自己很難振作起來，不如找兩三個好友談天說地，或許心情就好多了。這是隻有強關係才能辦到的，弱關係不行。

當然，強關係和弱關係也並非固定不變的，兩者是可以相互轉化的，隨著時間的推移，強關係也許會變弱，弱關係也可能會變強。

參考書目

[01] ［美］華特・艾薩克森：《史蒂夫・賈伯斯傳》，中信出版社，2011年版。

[02] ［美］丹尼爾・平克：《全新思維：決勝未來的 6 大能力》，浙江人民出版社，2013 年版。

[03] ［美］史蒂文・約翰遜：《偉大創意的誕生：創新自然史》，浙江人民出版社，2014 年版。

[04] ［美］史蒂芬・蓋斯：《微習慣：簡單到不可能失敗的自我管理法則》，江西人民出版社，2016 年版。

[05] 古典：《躍遷：成為高手的技術》，中信出版社，2017 年版。

[06] 萬維鋼：《高手：菁英的見識和我們的時代》，電子工業出版社，2017 年版。

[07] ［美］羅伯特・弗蘭克：《成功與運氣：好運與菁英社會的神話》，市中心聯合出版公司，2017 年版。

[08] ［美］查爾斯・都希格：《習慣的力量：為什麼我們這樣生活，那樣工作》，中信出版社，2017 年版。

[09] 劉潤：《5 分鐘商學院》，中信出版社，2018 年版。

[10] ［美］羅伯特・麥基，湯瑪斯・格雷斯：《故事經濟學》，天津人民出版社，2018 年版。

[11] ［美］塞德希爾・穆來納森，埃爾德・沙菲爾：《稀缺：我們是如何陷入貧窮與忙碌的》，浙江人民出版社，

[12] 2018 年版。

[13] ［英］大衛‧班布里基：《中年的意義》，市中心聯合出版公司，2018 年版。

[14] 萬維鋼：《你有你的計畫，世界另有計畫》，電子工業出版社，2019 年版。

[15] ［美］納西姆‧尼古拉斯‧塔勒布：《黑天鵝：如何應對不可預知的未來》，中信出版社，2019 年版。

[16] ［日］山下英子：《斷捨離》，湖南文藝出版社，

[17] 2019 年版。

[18] ［日］稻盛和夫：《活法》，東方出版社，2019 年版。

[19] 華杉、華楠：《華與華方法：企業經營少走彎路、少犯錯誤的九大原理》，文匯出版社，2020 年版。

[20] 萬維鋼：《萬萬沒想到：用理工科思維理解世界》，電子工業出版社，2020 年版。

[21] 羅振宇：《邏輯思維》，文匯出版社，2020 年版。

[22] ［美］納西姆‧尼古拉斯‧塔勒布：《反脆弱：從不確定性中獲益》，中信出版社，2020 年版。

[23] 劉瀾：《領導力的第一本書：聽大師講領導力》，機械工業出版社，2021 年版。

[24] ［美］彼得‧考夫曼：《窮查理寶典：‧查理‧蒙格智慧箴言錄》，中信出版社，2021 年版。

[25] ［美］大衛‧B. 尤費、瑪麗‧夸克：《柔道策略：新興公司戰勝行業霸主的祕訣》，中信出版社，2021 年版。

[26] ［日］稻盛和夫：《幹法》，機械工業出版社，2021 年版。

[27] 吳伯凡，「伯凡‧日知錄」專欄得到 App。

思維進階！解鎖 50 種高效者的人生算法：

從商業策略到個人成長，掌握高手運用的關鍵思考模型

作　　　者：李波
責 任 編 輯：高惠娟
發 行 人：黃振庭
出 版 者：樂律文化事業有限公司
發 行 者：崧博出版事業有限公司
E - m a i l：sonbookservice@gmail.
　　　　　　com
粉 絲 頁：https://www.facebook.
　　　　　　com/sonbookss/
網　　　址：https://sonbook.net/
地　　　址：台北市中正區重慶南路一段
　　　　　　61 號 8 樓
8F., No.61, Sec. 1, Chongqing S. Rd.,
Zhongzheng Dist., Taipei City 100, Taiwan

電　　　話：(02)2370-3310
傳　　　真：(02)2388-1990
律 師 顧 問：廣華律師事務所 張珮琦律師
定　　　價：350 元
發 行 日 期：2024 年 06 月第一版
◎本書以 POD 印製

國家圖書館出版品預行編目資料

思維進階！解鎖 50 種高效者的人生
算法：從商業策略到個人成長，掌
握高手運用的關鍵思考模型 / 李波
著 . -- 第一版 . -- 臺北市：樂律文化
事業有限公司 , 2024.06
面；　公分
POD 版
ISBN 978-626-98687-0-4(平裝)
1.CST: 思考 2.CST: 思維方法
176.4　　113007025

電子書購買

爽讀 APP

臉書